BLF 2016

Original-Prüfungsaufgaben mit Lösungen

W0314969

Deutsch 10. Klasse

Sachsen

2009–2015

STARK

© 2015 by Stark Verlagsgesellschaft mbH & Co. KG
11. ergänzte Auflage
www.stark-verlag.de

Das Werk und alle seine Bestandteile sind urheberrechtlich geschützt. Jede vollständige oder teilweise Vervielfältigung, Verbreitung und Veröffentlichung bedarf der ausdrücklichen Genehmigung des Verlages.

Inhalt

Prüfungsaufgaben 2009

Prüfungsaufgaben 2010

Prüfungsaufgaben 2011

Prüfungsaufgaben 2012

Prüfungsaufgaben 2013

Prüfungsaufgaben 2014

Prüfungsaufgaben 2015

Jeweils im Herbst erscheinen die neuen Ausgaben
der Prüfungsaufgaben mit Lösungen.

Autorinnen und Autoren:
Joachim Handschack (Übungsaufgaben,
Lösungen Prüfungsaufgaben 2009 – 2011)
Angela Potowski (Lösungen Prüfungsaufgaben 2012 – 2015)

Vorwort

Liebe Schülerin, lieber Schüler,

dieses Buch hilft Ihnen, sich auf die **Besondere Leistungsfeststellung im Fach Deutsch in der Klasse 10** des Gymnasiums vorzubereiten.

Zunächst werden die allgemeinen **Grundlagen** zur Durchführung und Bewertung der Besonderen Leistungsfeststellung beschrieben, damit Sie sich auf die Prüfungssituation einstellen können. Zudem erhalten Sie **Hinweise zu Ihrer Arbeitsorganisation** während der Prüfung. Zu den einzelnen Aufgabentypen finden Sie das jeweilige **Basiswissen**, das zur erfolgreichen Bearbeitung notwendig ist.

Der Band enthält die **Originalaufgaben** der Besonderen Leistungsfeststellung der Jahre 2009 bis 2015 sowie **zehn prüfungsähnliche Übungsaufgaben**. Die sieben Aufgabentypen (Textinterpretation, Textanalyse, literarische Erörterung, Texterörterung, freie Erörterung, gestaltende Interpretation, adressatenbezogenes Schreiben) sind verbindlich vorgegeben. Zu allen Aufgabentypen bietet der Band Übungsaufgaben mit ausformulierten Lösungen. Allen, von den Autoren ausgearbeiteten **Lösungsvorschlägen** für Übungs- und Prüfungsaufgaben gehen – durch Rauten gekennzeichnet – konkrete **Bearbeitungshinweise** voraus, die Ihnen hilfreiche Tipps für die Gestaltung Ihres Aufsatzes geben.

Für die **Arbeit mit diesem Buch** bieten sich mehrere Möglichkeiten an:

- Sie versuchen, die Aufgaben komplett selbstständig zu lösen.
- Sie erarbeiten sich auf der Grundlage des jeweiligen Basiswissens und/oder der Bearbeitungshinweise eine Gliederung und schreiben dann den Aufsatz.
- Sie vergleichen Ihre Lösungen mit den Musterlösungen und suchen nach Verbesserungen Ihrer Aufsätze.
- Sie trainieren einzelne Aufsatzteile gezielt und vergleichen dann Ihre Teillösungen mit den Lösungsvorschlägen des Buches.
- Sie benutzen das Basiswissen und die Aufgabenlösungen zur unmittelbaren Prüfungsvorbereitung durch Lektüre.

Sollten nach Erscheinen dieses Bandes noch wichtige Änderungen in der BLF-Prüfung 2016 vom Kultusministerium bekannt gegeben werden, finden Sie aktuelle Informationen dazu im Internet unter: www.stark-verlag.de/pruefung-aktuell.

Viel Erfolg bei der Besonderen Leistungsfeststellung wünschen Ihnen die Autoren und der Verlag.

Hinweise und Tipps

1 Die Besondere Leistungsfeststellung im Fach Deutsch

Die Durchführung der Besonderen Leistungsfeststellung hat der Freistaat Sachsen für alle Gymnasien einheitlich geregelt. Im Fach Deutsch schreiben Sie einen Aufsatz, für den eine **Arbeitszeit von 90 Minuten** zur Verfügung steht. Für die Aufgabenauswahl erhalten Sie zusätzlich eine **Einlesezeit von 20 Minuten**. Grundlage der Aufgabenstellungen sind die Lehrpläne des Faches Deutsch einschließlich der Klasse 10. Deshalb findet die Prüfung am Schuljahresende statt. Für Schüler, die am Ersttermin aus Krankheitsgründen nicht teilnehmen können, gibt es einen Nachtermin. Als Prüfungsaufgaben sind sieben verschiedene Aufgabentypen möglich:

- Textinterpretation,
- Textanalyse,
- literarische Erörterung,
- Texterörterung,
- freie Erörterung,
- gestaltende Interpretation,
- adressatenbezogenes Schreiben.

Auf den Aufgabenblättern finden Sie zwei Aufgaben, von denen Sie eine innerhalb der Einlesezeit zur Bearbeitung auswählen. Als Hilfsmittel ist ein nicht elektronisches Wörterbuch der deutschen Rechtschreibung zugelassen. Ihr Aufsatz wird von Ihrem Deutschlehrer als ganzheitliche Leistung bewertet. Dabei werden Inhalt, Gliederung, sprachliche Gestaltung, Einfallsreichtum, Eigenständigkeit und sprachliche Richtigkeit berücksichtigt. Der Deutschlehrer orientiert sich an vorgegebenen Korrekturhinweisen.

Die Note der Besonderen Leistungsfeststellung fließt mit doppelter Gewichtung wie eine Note für eine Klassenarbeit in die Zeugnisnote im Fach Deutsch ein. Sie hat daher eine wesentliche Bedeutung für das erfolgreiche Bestehen der Jahrgangsstufe 10 und das Vorrücken in die Jahrgangsstufe 11. Alle Schülerinnen und Schüler des Gymnasiums erwerben mit dieser Versetzung einen dem Realschulabschluss gleichgestellten mittleren Bildungsabschluss.

2 Zur Arbeitsorganisation während der Prüfung

Das Schreiben eines Aufsatzes ist für Sie eine vertraute Aufgabe. Wegen der Vielfalt der Aufgabentypen und der Tatsache, dass die Prüfungsaufgaben nicht von Ihrem Deutschlehrer entworfen werden, stellt die Besondere Leistungsfeststellung im Fach Deutsch dennoch eine Herausforderung dar. Hinzu kommt, dass Ihnen mit 90 Minuten Arbeitszeit zuzüglich 20 Minuten Einlesezeit nur ein recht knapper zeitlicher Rahmen für die Bearbeitung zur Verfügung steht. Die folgenden Tipps helfen Ihnen, diese Situation erfolgreich zu meistern.

- **Entscheiden Sie sich zügig**, aber überlegt für eine der beiden Aufgaben. Ein eventueller Zeitgewinn nützt Ihnen bei den weiteren Schritten.
- Arbeiten Sie Aufgabenstellung und Text genau durch, **kennzeichnen Sie Auffälligkeiten** und Struktur des Textes auf dem Arbeitsblatt. Verwenden Sie hierfür zum Beispiel **farbige Textmarker**.
- Erstellen Sie, ausgehend von der Aufgabenstellung, eine genaue **Gliederung** beziehungsweise einen **Schreibplan**. Prüfen Sie, ob alle wesentlichen Gesichtspunkte berücksichtigt sind.
- **Formulieren Sie auf der Basis des Schreibplans** Ihren Aufsatz aus. Das vorherige Schreiben eines ausformulierten Konzepts bringt Sie wahrscheinlich in Zeitnot.
- Formulieren Sie **in klaren und überschaubaren Sätzen**. Vermeiden Sie inhaltliche Wiederholungen und Abschweifungen. Verwenden Sie als Zeitform vor allem das Präsens.
- Planen Sie einen nicht zu knappen **Zeitraum für die Überprüfung** des sprachlichen Ausdrucks und der orthografischen Richtigkeit ein.
- Versehen Sie **alle Blätter** mit Ihrem Namen und nummerieren Sie die einzelnen Seiten durch.

3 Die verschiedenen Aufgabentypen

3.1 Textinterpretation

Die Textinterpretation (untersuchendes Erschließen literarischer Texte) als Schreibaufgabe kennen Sie seit der 9. Klasse. In dieser Jahrgangsstufe haben Sie das Interpretieren von Gedichten und von epischen Texten geübt. In der 10. Klasse haben Sie sich mit Auszügen aus dramatischen Texten befasst und Ihre Kenntnisse im Umgang mit den bekannten Textarten vertieft.

Literarische Texte (auch künstlerische oder fiktionale Texte genannt) unterscheiden sich von den Sach- oder Gebrauchstexten. Sie beziehen sich nämlich nicht auf die uns umgebende Umwelt bzw. Wirklichkeit, sondern sie stellen eine vom Autor erfundene, oft fantastische und irreale Welt dar. Dadurch eröffnen solche Texte eine andere, nicht selten neue und überraschende Sicht auf uns umgebende Probleme und Sachverhalte, die wir dann in einem neuen Licht wahrnehmen. Literarische Texte verfolgen häufig die Absicht, problematische Entwicklungen in unserer Gesellschaft oder in unserer Umwelt bewusst zu machen, zu kritisieren oder zu beeinflussen. Dazu verwenden die Autoren literarische Formen und sprachkünstlerische Gestaltungsmittel. Überwiegend auf diesen künstlerischen Formen und Mitteln beruht die oft verblüffende Wirkung der Texte, die nicht zuletzt der Unterhaltung ihrer Leser dienen. Fast alle literarischen Texte sind mehrdeutig.

Bei der Textinterpretation bekommen Sie einen kürzeren, in sich geschlossenen literarischen Text (z. B. ein Gedicht, eine Kurzgeschichte) oder einen Auszug aus einem vom Unterricht her bekannten längeren Text (Roman, Drama) vorgelegt. Im Aufsatz müssen Sie nachweisen, dass Sie sich in vielfältiger, kreativer, aber auch systematischer Weise mit dem Inhalt und der Gestaltung des Textes auseinandersetzen können. Damit Sie dieses Gesamtverständnis erreichen, sind einige **Untersuchungsschwerpunkte** zu beachten:

- Thema, Inhalt und Struktur des Textes;
- äußere Form des Textes, Textgattung und Textsorte;
- sprachliche Gestaltungsmittel, Bilder und Symbolgehalt;
- Deutungen, Wirkungen, mögliche Intentionen des Autors;
- literaturgeschichtliche und zeitgeschichtliche Einordnung;
- Wertung, Einbeziehung eigener Erfahrungen und Ansichten.

In der **Einleitung** des Aufsatzes sollten Sie das Thema des Textes benennen. Auch Aussagen zum Autor und zur Textentstehung sind sinnvoll. Sie weisen dadurch nach, dass Sie den Text in größere Zusammenhänge einordnen können. Die genaue Bestimmung von Textgattung und Textsorte hilft Ihnen bei der Festlegung Ihrer Untersuchungsschwerpunkte. In der Einleitung ist aber auch ein assoziatives Vorgehen möglich, das Ihre Eindrücke beim erstmaligen Lesen des Textes thematisiert. Falls der Text ein Auszug aus einem Roman oder einem Drama ist, muss dieser in die Gesamthandlung eingeordnet werden.

Im **Hauptteil** stellen Sie Ihre Untersuchungsergebnisse zu Inhalt, Struktur, Form und sprachlicher Gestaltung des Textes dar. Auf dieser Basis gelangen Sie dann zu Deutungen und Wirkungen des Textes sowie zu möglichen Intentionen des Autors. Sie sollten mit einer straff gestalteten, aber dennoch genauen Inhaltswiedergabe beginnen. Empfehlenswert ist eine Verbindung der Inhaltswiedergabe mit einer Beschreibung der Struktur bzw. der Gliederung des Textes. Sprachliche und formale Gestaltungsmittel sind zu erfassen (Zitiertechnik!) und zu benennen, unbedingt notwendig sind auch Aussagen zur Funktion oder zur Wirkung des jeweiligen sprachlichen Mittels. Am Ende des Hauptteils können Sie aus den bisherigen Ergebnissen eine Gesamtdeutung des literarischen Textes ableiten. Weil literarische Texte mehrdeutig sind, sollten Sie auch mehrere Deutungsmöglichkeiten anbieten, wenn das der Text zulässt. Alle Deutungen müssen aus dem Text heraus begründet und durch entsprechende Textbelege nachgewiesen werden.

Der **Schluss** des Aufsatzes dient dazu, die Ergebnisse zusammenzufassen oder den Bezug zur Einleitung herzustellen. Es kann aber auch sinnvoll sein, die Problematik des Textes und seine künstlerische Gestaltung zu bewerten und dabei eigene Erfahrungen im Umgang mit anderen literarischen Texten einzubeziehen.

Interpretation lyrischer Texte

Gedichte kennen Sie bereits seit der Grundschule. In den vergangenen Schuljahren am Gymnasium haben Sie immer wieder Beispiele besprochen und gestaltet, seit der 8. Klasse haben Sie sich mit der schriftlichen Interpretation von Lyrik beschäftigt. Lyrische Texte unterscheiden sich in wesentlichen Punkten von anderen literarischen Texten. Die sich ergebenden Besonderheiten müssen Sie bei der Interpretation beachten.

Lyrik erkennen Sie schon an der äußeren Form, ein Gedicht besteht aus Strophen und Versen, die oft gereimt sind. Manchmal begegnen Sie genau vorgegebenen Gedichtformen wie dem Sonett. Auch die rhythmische Gestaltung der Texte in bestimmten Versmaßen (Jambus, Trochäus, Daktylus) ist kennzeichnend.

Gedichte lassen sich bestimmten Themengruppen zuordnen, es gibt z. B. Liebesgedichte, Naturgedichte oder politische Lyrik. Durch die vielfältige Verwendung von bildhaften Ausdrücken und anderen künstlerischen Gestaltungsmitteln erscheinen Gedichte oft als sehr dichte, vieldeutige und auch schwierig zu verstehende Sprachkunstwerke. Eine ganz wesentliche Rolle spielt der **lyrische Sprecher** (das lyrische Subjekt, das lyrische Ich), der nicht mit dem Autor gleichgesetzt werden darf. Die Analyse der lyrischen Situation ist ein wesentlicher Bestandteil jeder Gedichtinterpretation. Sie sollten folgende Fragen beantworten:

- Welche Aussagen über den lyrischen Sprecher sind möglich?
- Worüber äußert sich der lyrische Sprecher?
- Wer wird angesprochen und welche Ziele werden verfolgt?
- In welcher Art und Weise sind die Äußerungen gestaltet?

Die **Einleitung** des Aufsatzes sollte Aussagen zum Thema, zur literaturgeschichtlichen Einordnung und zum Autor enthalten. Aber auch die Beschreibung des Ersteindrucks kann sinnvoll sein. Den **Hauptteil** beginnen Sie am besten mit der Analyse der lyrischen Situation und der strukturierten Inhaltsangabe. Dann legen Sie die anderen, oben schon genannten Aspekte dar und stellen dabei immer den Zusammenhang zwischen Gestaltungsmitteln, Aussageabsichten und Wirkungen her. Im **Schlussteil** sollten Sie sich zusammenfassend zu Inhalt, Gestaltung und Wirkung des Textes äußern und auch bewusst Ihre eigene Haltung einbeziehen.

Interpretation epischer Texte

Epische Texte sind sehr vielgestaltig, sowohl vom Umfang als auch von der künstlerischen Gestaltung her betrachtet. In den vergangenen Schuljahren haben Sie vor allem Kurzgeschichten sowie Auszüge aus Romanen und Jugendbüchern interpretiert. Auch Parabeln spielten eine Rolle. Als Texte für die Besondere Leistungsfeststellung kommen vor allem **Kurzgeschichten** und **Parabeln** in Betracht. Die Handlung von Kurzgeschichten ist in unserer realen Umgebung vorstellbar und insoweit wirklichkeitsnah. Wesentliche interpretative Zugänge sind Thema, Handlungsstruktur, Figuren, Orts- und Zeitgestaltung sowie sprachliche Gestaltungsmittel. Parabeln sind kurze, lehrhafte Erzählungen, in denen Begebenheiten der menschlichen Welt auf bildliche Weise dargestellt werden. Im Gegensatz zu Kurzgeschichten können sie manchmal auch irreale und rätselhafte Elemente enthalten. Das in Parabeln Dargestellte wird auch als Bildbereich, das mit dem Dargestellten Gemeinte als Sachbereich der Parabel bezeichnet. Neben den schon bei der Kurzgeschichte genannten Interpretationszugängen ist für eine Parabel die genaue Erfassung, Erläuterung und Abgrenzung des Bildbereichs (Dargestelltes) und des Sachbereichs (Gemeintes) bedeutsam.

Die bestimmende Besonderheit epischer Texte ist, dass ein Geschehen von einem Erzähler dargestellt wird, der nicht mit dem Autor identisch ist, sondern von Letzterem erfunden wurde. Ein **auktorialer Erzähler** hat einen großen Überblick über die Ereignisse, einen zeitlichen Abstand und Distanz zum Geschilderten. Außerdem bewertet und kommentiert er Handlung und Figuren. Ein **neutraler Erzähler** verzichtet dagegen auf jede Art von Bewertung. Beim **personalen**

Erzählen wird ohne Kommentare aus der Perspektive einer handelnden Figur erzählt. Der Leser wird dadurch sehr stark in das Geschehen einbezogen.

Im **Einleitungsteil** sollten Sie sich zum Thema und zum Titel des Textes äußern. Auch ein Ersteindruck kann dargestellt werden. Bei Kurzprosatexten sollten Sie entscheiden, ob es sich um eine Kurzgeschichte oder eine Parabel handelt, weil dadurch das weitere Vorgehen bei der Interpretation wesentlich beeinflusst wird.

Der **Hauptteil** beginnt mit einer knappen, gut strukturierten Inhaltswiedergabe. Weitere wichtige Untersuchungsschwerpunkte sind die Figuren mit ihren Eigenschaften und Konflikten, Handlungsort und Handlungszeit sowie Wortwahl, Satzbau und bildhafte Ausdrucksmittel (Metapher, Personifikation, Vergleich u. a.). Die Aspekte sind meist so vielfältig, dass in der zur Verfügung stehenden Arbeitszeit nicht alle bearbeitet werden können. Man beginnt daher zunächst mit den in der Aufgabenstellung genannten Schwerpunkten und entscheidet sich dann selbst für Ergänzungen.

Im **Schlussteil** können Sie Ihre Ergebnisse zusammenfassen und sich dabei auf die Einleitung und das dort benannte Thema des Textes beziehen. Eigene Bewertungen des Textes, der Figuren oder der möglichen Absichten des Autors können ebenfalls sinnvoll sein.

Interpretation dramatischer Texte

Dramatische Texte werden als **Rollentexte** von Schauspielern auf einer Bühne gesprochen. Sie sind im Unterschied zu lyrischen und epischen Texten also nicht zum Lesen gedacht, sondern als schriftliche Textvorlage zu einer Bühnendarstellung. Sie kennen Dramentexte schon seit den unteren Klassen. In Klasse 10 haben Sie sich mit Johann Wolfgang von Goethes „Faust" beschäftigt und dabei auch Techniken der Interpretation von Dramenszenen kennengelernt. Dramen sind oft in **Akte** (meist fünf) und **Szenen** eingeteilt. Der Spannungsbogen im Drama verläuft so, dass der Höhe- oder Umschlagpunkt der Handlung im dritten Akt liegt. Der erste Akt dient der Einführung in die Handlung, der Vorstellung der Figuren und der Einführung des Konflikts. Im zweiten Akt beschleunigt sich das Geschehen durch Handlungs- und Konfliktaufbau. Im vierten Akt wird durch Handlungsverzögerung nochmals Spannung aufgebaut und die Lösung des Konflikts im fünften Akt vorbereitet. Wenn die Hauptfigur untergeht, spricht man von einer tragischen Lösung oder Katastrophe. Außer dem Rollentext enthalten dramatische Szenen meist auch noch **Regieanweisungen** (Nebentext) mit Hinweisen des Autors zum Bühnenbild sowie zur Sprech- und Spielweise der Darsteller.

Im **Einleitungsteil** des Aufsatzes sollten Sie angeben, wie sich der Textausschnitt in die Gesamthandlung einfügt. Aussagen zum Autor und zur literaturgeschichtlichen Einordnung sind ebenso sinnvoll.

Der **Hauptteil** beschäftigt sich mit dem Inhalt der Szene, wobei folgende Untersuchungsschwerpunkte berücksichtigt werden:

- **Charakteristik der Figuren** (Ziele, Interessen, Absichten, Handlungsmotive, Moralvorstellungen, soziale Stellung),
- **sprachliche Gestaltung des Dialogs** (Redeanteile, Dialekt, Sprachniveau, Wortwahl, Satzbau, Stilfiguren),
- **Konfliktgestaltung** (äußere Konflikte als Konflikte zwischen Figuren, innere Konflikte als Konflikte innerhalb einer Figur).

Im **Schlussteil** können Sie sich zusammenfassend zur Aktualität von Themen und Konflikten äußern. Bewertungen des Verhaltens der Figuren sind genauso möglich. Sie können auch Vorstellungen zur Realisierung des Textes auf der Bühne entwickeln.

3.2 Textanalyse

Bei einer Textanalyse besteht Ihre Aufgabe darin, einen Sachtext hinsichtlich seiner wesentlichen Inhalte und sprachlichen Gestaltungselemente zu untersuchen sowie die Untersuchungsergebnisse zusammenhängend und gut gegliedert darzustellen. Sie haben sich mit dieser Aufgabenart seit der 5. Klasse beschäftigt. Als **Untersuchungsgegenstand** kommen journalistische und populärwissenschaftliche Texte, aber auch Reden und Essays infrage. Um einen Text in seiner Gesamtheit verstehen zu können, muss man unbedingt die kommunikativen Zusammenhänge (Wirkungsabsicht des Autors, Verwendungszweck des Textes, Zielgruppe, Veröffentlichung) beachten. Wesentlich für das Erfassen der Wirkungsweise eines Sachtextes ist außerdem die Berücksichtigung struktureller und grafischer Besonderheiten. Titel, Untertitel, Zwischenüberschriften, Absätze sowie eingebundene Grafiken, Übersichten und Bilder haben eine meist gut überlegte Funktion.

Im **Einleitungsteil** sollten Sie das Thema des Textes benennen, die Absichten des Autors herausstellen und Vermutungen über die Zielgruppe des Textes anstellen. Das ist oft gut möglich, wenn man die Quellenangabe nutzt und entsprechende Aussagen ableitet.

Der **Hauptteil** muss mehrere Teilaufgaben lösen. Zunächst werden die wesentlichen Inhalte thesenartig oder nach den Absätzen der Textvorlage strukturiert wiedergegeben. Die Gedankenführung des Autors, die von ihm verwendeten Beispiele, Argumente, Schlussfolgerungen und Verallgemeinerungen sind wichtig für die Einschätzung der Wirksamkeit des Textes. Man untersucht auffällige sprachliche Gestaltungsmittel im Bereich des Satzbaus, der Wortwahl und des Stils. Dabei ist es notwendig, dass man bei der Analyse der sprachlichen Mittel den Zusammenhang mit der Wirkung des Textes beachtet. Gleiches gilt für die Untersuchung des Layouts und von grafischen Elementen.

Im **Schlussteil** kann man beurteilen, ob es dem Autor gelungen ist, seine Absichten zu realisieren und einen sprachlich wirkungsvollen Text zu gestalten. Auch sichtbar gewordene Probleme können benannt werden.

3.3 Literarische Erörterung

Mit dem erörternden Erschließen literarischer Texte und Problemstellungen haben Sie sich in den Klassen 9 und 10 intensiv beschäftigt. Den Ausgangspunkt einer derartigen Aufgabe bildet meist ein kürzerer Prosatext oder ein Auszug aus einem aus dem Unterricht bekannten literarischen Werk von größerem Umfang. Die genaue **Analyse der Aufgabenstellung** ist eine große Hilfe bei der Konzeption des Aufsatzes. Hinsichtlich der Zielrichtung einer Erörterung unterscheidet man zwei Grundtypen:

Bei der **steigernden** oder **linearen Erörterung** ist die Bearbeitungsrichtung des Themas schon in der Aufgabenstellung angegeben (Beispiel: Erörtern Sie, wie der Autor seine Problemsicht künstlerisch gestaltet.). In diesem Falle ordnet man seine Argumente mit den zugehörigen Beispielen und Begründungen nach dem Prinzip der Steigerung linear an. Man beginnt mit dem schwächsten Argument.

Bei der **dialektischen Erörterung** ist das Ergebnis offen (Beispiel: Erörtern Sie, ob der Autor seine Problemsicht künstlerisch konsequent umsetzt.), das Resultat kann Zustimmung oder Ablehnung der Ausgangsthese sein. Auch ein Kompromiss ist möglich. Die Argumente werden entweder blockweise (erst alle Pro-Argumente, dann alle Kontra-Argumente) oder antithetisch (Pro-Argument, Kontra-Argument, Pro-Argument, …) angeordnet. Am Schluss muss zusammenfassend Ihre eigene Position dargestellt werden.

Im **Einleitungsteil** äußert man sich zum Thema und zur Problemstellung der Erörterung. Auch Aussagen zum Untersuchungstext und zum Ersteindruck sind sinnvoll. Man kann den Ausgangstext auch hinsichtlich seiner Entstehungszeit einordnen und Bezüge zur Literaturgeschichte herstellen.

Im **Hauptteil** sollte man zunächst das wesentliche Geschehen und den Gedankengang des Untersuchungstextes im Sinne einer **Inhaltsskizze** beschreiben. Dabei äußert man sich auch zu möglichen Intentionen des Autors. Der anschließende

Erörterungsteil bearbeitet die in der Aufgabenstellung gegebene Problemstellung, und zwar entweder als steigernde oder als dialektische Erörterung.

Im **Schlussteil** stellen Sie Ihre eigene Sicht auf die Problemstellung dar. Auch eine Aktualisierung oder Lösungsvorschläge für das Problem sind denkbar.

3.4 Texterörterung

Die Texterörterung als Aufgabentyp ist Ihnen vor allem aus dem Unterricht der Klasse 10 bekannt. Aber auch in den unteren Jahrgangsstufen haben Sie sich mit Inhalten und Problemen von Sachtexten beschäftigt. Als Grundlage einer Texterörterung dienen oft Berichte und Kommentare aus Tageszeitungen und Zeitschriften. Die **Aufgabenstellung** für eine Texterörterung besteht aus zwei Teilen. Im ersten Aufgabenteil werden Sie dazu aufgefordert, den **Inhalt des Textes** darzustellen. Sowohl eine Zusammenfassung, die sich an den Abschnitten des Textes orientiert, als auch eine thesenartige Darstellung der Hauptgedanken sind möglich. Sprachliche und grafische Gestaltungsmittel sowie die logische Struktur des Textes können eine Rolle spielen. Im zweiten Teil der Aufgabenstellung wird dann die eigentliche **Erörterungsaufgabe** formuliert. Sie bezieht sich auf den gesamten Problemgehalt des Textes, auf einzelne Themen oder Thesen oder auch auf von Ihnen selbst auszuwählende Teilprobleme. Wichtig ist in jedem Fall, dass Sie eine gut argumentierte und **begründete Stellungnahme** gestalten. Eine genaue **Analyse der Aufgabenstellung** ist besonders wichtig.

In der **Einleitung** sollten Sie das Thema des Textes benennen. Auch Aussagen zum Autor und seinen Absichten, zur Veröffentlichung und zu den möglichen Adressaten des Textes sind sinnvoll. Beachten Sie hierzu die Quellenangabe.

Im **Hauptteil** stellen Sie zunächst den Textinhalt so dar, wie es die Aufgabenstellung fordert. Die anschließende Problemerörterung sollte genau von der Textbeschreibung abgegrenzt werden. Sie kann als steigernde oder als dialektische Erörterung gestaltet werden. Beispiele aus Ihrem Erfahrungsbereich sollten Sie einbringen. Bei der Darstellung von Standpunkten muss immer klar sein, ob es sich um die eigene Sicht oder um die Haltung des Textautors handelt.

Im **Schlussteil** können Sie zusammenfassend nochmals Ihre eigene Position darstellen, Lösungsansätze für das Problem anbieten oder weiterführende Gedanken entwickeln.

3.5 Freie Erörterung

Mit der freien Erörterung als Schreibaufgabe haben Sie sich besonders in der Klassenstufe 9 beschäftigt. Dazu benötigen Sie auch **Techniken des Argumentierens**, die ab Klasse 8 im Unterricht vermittelt wurden.

Eine freie Erörterung unterscheidet sich stark von allen anderen Aufgabentypen, weil kein längerer Text vorhanden ist, auf den sich die Aufgabenstellung bezieht. Allenfalls findet sich ein **Zitat oder eine These als gedanklicher Ausgangspunkt**. Dieses Zitat oder die These umreißt das Thema oder die Problemstellung der freien Erörterung. Zu diesem Problem wird von Ihnen im Rahmen der Erörterung eine **eigenständige und begründete Meinungsäußerung** erwartet. Dabei soll das Thema möglichst unter Einbeziehung mehrerer Lösungsansätze oder Sichtweisen entfaltet werden. Hierzu dienen geeignete Beispiele sowie eigene Erfahrungen und Haltungen, die den **Argumenten** und **Gegenargumenten** für den individuellen Standpunkt zugeordnet werden. Die Themen oder Probleme für eine freie Erörterung sind so gestaltet, dass sie an Ihre Erfahrungen und an Ihr Lebensalter anknüpfen. Auch aktuelle oder allgemeine Fragen des menschlichen Zusammenlebens sind vorstellbar. Solche Themen können auch auf die Darstellung in literarischen Werken bezogen sein. In diesem Fall nähert sich die freie Erörterung der literarischen Erörterung an. Das Thema kann, wie bei der literarischen Erörterung oder bei der Texterörterung, eine **lineare** oder eine **dialektische Darstellung** der Argumente und Gegenargumente fordern (vgl. S. VIII).

Besonders wichtig für die freie Erörterung sind die geistige Durchdringung der einzelnen Arbeitsschritte und das konsequente Arbeiten nach einem eigenen Schreibplan bzw. einer Konzeption, die die Gliederung des Aufsatzes festlegt. Der erste Arbeitsschritt bei der Anfertigung einer freien Erörterung ist das **Sammeln des Materials**. Sie sind dabei im Wesentlichen auf Ihre eigene Sachkenntnis und auf Ihr Problemverständnis angewiesen. Als Methoden der Materialsammlung können Sie das **Brainstorming** und das **Mindmapping** nutzen. Beim Brainstorming schreiben Sie so schnell wie möglich alle Gedanken, Einfälle und Assoziationen auf, die Ihnen zum Thema einfallen. Das anschließende Mindmapping dient der logischen Ordnung und der grafischen Veranschaulichung der gefundenen Ideen. Aus der Mindmap (grafische Veranschaulichung der Ideen) leiten Sie dann die **Gliederung des Aufsatzes** ab. Bei der anschließenden **Ausformulierung** stellen Sie Ihren Gedankengang unter Einbeziehung von Thesen, Argumenten, Beispielen und Erfahrungen logisch überzeugend dar. Eine sachliche, klare und eindeutige Formulierung von Aussagen und Begründungen sowie die exakte Trennung von eigenen und fremden Einschätzungen und Meinungen sind notwendig für einen wirkungsvollen Aufsatztext.

In der **Einleitung** des Aufsatzes stellen Sie zunächst den Bezug zum Thema her, bevor Sie im **Hauptteil** Ihre Argumentation wie oben dargestellt entfalten. Besonders günstig ist, wenn Sie die im Text vorhandenen Beziehungen und Anknüpfungspunkte auch mit geeigneten sprachlichen Mitteln veranschaulichen und damit Ihre Gedankengänge plausibel machen. Der **Schlussteil** dient der abschließenden Zusammenfassung und der klaren Formulierung Ihrer eigenen Sicht auf das Problem. Sie können hier auch eigene Vorschläge für die Problemlösung darstellen.

3.6 Gestaltende Interpretation

Bei der Untersuchung literarischer Texte haben Sie in den vergangenen Schuljahren öfter auch **produktive Methoden** angewandt. Diese Methoden fordern, dass Sie in besonderer Weise kreativ mit einem literarischen Text umgehen, ihn sozusagen als Ausgangspunkt für einen selbst gestalteten künstlerischen Text nutzen. Als **Textgrundlage** für gestaltende Interpretationen kommen Gedichte, Dramenszenen und Kurzgeschichten infrage, aber auch Ausschnitte aus längeren Werken, die Sie im Unterricht besprochen haben.

Die Schreibaufgabe besteht aus **zwei Teilaufgaben**, die Sie auch in Form eines jeweils eigenständigen Textes lösen müssen. In der ersten Teilaufgabe werden Sie zu einer zusammenfassenden **Inhaltswiedergabe** aufgefordert. Sie müssen also den Inhalt und eventuell auch die Struktur des Ausgangstextes mit eigenen Worten beschreiben. Sie weisen damit nach, dass Sie den Text in seinen Grundzügen verstanden haben. Das ist auch eine Voraussetzung für den zweiten, den umfangreicheren Teil der Aufgabe. Die **Interpretationsaufgabe** als zweite Teilaufgabe kann vielfältig gestaltet sein. Möglich sind unter anderem:

- einen Erzähltext in eine andere Erzählperspektive umschreiben,
- einen Dramentext in einen Erzähltext umgestalten und umgekehrt,
- einen nur unvollständig vorgegebenen Text weiterschreiben,
- einen Brief in der Rolle einer literarischen Figur schreiben,
- einen inneren Monolog einer Figur gestalten,
- einen Tagebucheintrag oder eine Lebenserinnerung gestalten.

Als ersten Arbeitsschritt bei der Lösung der Interpretationsaufgabe analysieren Sie die Aufgabenstellung. Folgende Fragen sollten Sie beantworten:

- Aus welcher Perspektive soll ich meinen Text schreiben?
- Welche Textsorte soll ich gestalten?
- In welche Figur muss ich mich hineinversetzen?
- Über welches Wissen und welche Erfahrungen verfügt die Figur?
- Welche Inhalte kann ich aus dem Ausgangstext übernehmen?

- An welchen Stellen muss oder kann ich selbst etwas zum Geschehen erfinden?
- Welche sprachlichen Gestaltungsmittel sind wirkungsvoll und angemessen?

Aufgrund der Beantwortung der Fragen ergibt sich eine Schreibkonzeption, ein **Schreibplan:** Sie legen die Inhalte, deren Reihenfolge und die bevorzugt zu verwendenden sprachlichen Mittel fest. In diesem Rahmen sind sehr individuelle Entscheidungen möglich. Eine Gliederung des Aufsatzes in Einleitung, Hauptteil und Schluss kann für die Bearbeitung von Gestaltungsaufgaben nicht empfohlen werden. Ihr Deutschlehrer wird sich bei der Korrektur an folgenden **Bewertungskriterien** orientieren:

- genaue und differenzierte Erfassung der Textvorlage,
- überzeugende Struktur des Aufsatzes,
- eigenständige und ideenreiche Gestaltung,
- in sich stimmige, widerspruchsfreie Darstellung,
- angemessener und überzeugender Einsatz sprachlicher Gestaltungsmittel,
- Einfühlungsvermögen in Figuren, Textsorten und Darstellungsperspektiven.

3.7 Adressatenbezogenes Schreiben

Übungen zum adressatenbezogenen Schreiben spielten in Ihrem Deutschunterricht ab Klasse 8 eine Rolle. In den Klassen 9 und 10 haben Sie Kommentare, Rezensionen, Interviews oder auch Briefe verfasst, die in enger Beziehung zu einem vorher bekannten Sachtext standen. Die Inhalte dieses Sachtextes mussten bei der eigenen Schreibtätigkeit genutzt und verarbeitet werden. Das adressatenbezogene Schreiben wird auch als „Gestaltendes Erschließen pragmatischer Texte" bezeichnet.

Als Ausgangstext für eine adressatenbezogene Schreibaufgabe kommen alle Arten von Sachtexten in Betracht, besonders aber Berichte und Kommentare aus Zeitungen und Zeitschriften. Vorstellbar sind auch Reden, Tagebuchauszüge, Biografien und populärwissenschaftliche Texte. Diese Texte sind oft durch eine große Informationsdichte, eine klare Argumentationsstruktur und Gedankenführung sowie durch die Einbeziehung von Grafiken, Tabellen und Abbildungen gekennzeichnet. Inhalte und Struktur des Ausgangstextes müssen zunächst genau erfasst werden. Dazu können Sie sich an dem Verfahren für die Textanalyse (vgl. S. VII f.) orientieren. Wesentliche Fakten und Zusammenhänge sollten Sie mithilfe von Textmarkern oder Notizzetteln festhalten und veranschaulichen. Das Verständnis des Ausgangstextes stellt die wichtigste Voraussetzung für die eigentliche Aufgabe des adressatenbezogenen Schreibens dar.
Die Hauptaufgabe des Aufsatztyps „adressatenbezogenes Schreiben" besteht darin, einen Text einer vorgegebenen Textsorte (Zeitungsbericht, Kommentar, Rede, Brief u. a.) für eine festgelegte Adressatengruppe zu schreiben. In dem Text muss

eine argumentative Auseinandersetzung mit dem Thema stattfinden und Sie müssen die vorgegebene Kommunikationssituation beachten. Folgende Leitfragen bestimmen Ihre Arbeitsstrategie:

- Welche Textsorte soll ich gestalten? An wen ist der Text gerichtet? Welchen Zweck soll mein Text verfolgen?
- Welche Inhalte und Argumente der Textvorlage kann ich verwenden? Wie muss ich die Darstellungsform der Textvorlage verändern, damit ich meiner eigenen Gestaltungsaufgabe gerecht werde?
- Welche sprachlichen und formalen Gestaltungsgrundsätze sind kennzeichnend für die von mir zu schreibende Textsorte?
- Mit welchen Inhalten und Argumenten kann ich meine Zielgruppe am wirkungsvollsten von meinem Standpunkt zum Thema überzeugen?

Die genaue Analyse der Aufgabenstellung ist für die erfolgreiche Bearbeitung einer adressatenbezogenen Schreibaufgabe sehr wichtig. Sie müssen mit **komplexen Aufgaben** (Aufgabenlösung besteht nur aus einem in sich geschlossenen Text, also dem Zeitungsbericht, dem Kommentar usw.) und auch mit **gegliederten Aufgaben** (voneinander getrennte Teillösungen) rechnen. Teilaufgaben können dabei erstens eine Zusammenfassung wesentlicher Inhalte der Textvorlage, zweitens die eigentliche Gestaltungsaufgabe sowie drittens eine kurze Begründung inhaltlicher und formaler Gestaltungsentscheidungen sein.

Auch eine zweiteilige Aufgabenstellung ist möglich, dabei entfällt entweder die erste oder die dritte Teilaufgabe. Die Lösung der zweiten Teilaufgabe ist mit Abstand der bedeutsamste Bestandteil Ihrer Leistung. Ihr Deutschlehrer wird sich bei der Beurteilung vor allem an dem oben dargestellten Fragenkatalog orientieren.

Variante: Adressatenbezogenes Schreiben auf der Basis untersuchenden Erschließens pragmatischer Texte

Die Variante dieser Aufgabenart unterscheidet sich durch das vorgegebene Material. Neben einem längeren Sachtext werden Grafiken, Bilder, Übersichten oder weitere kürzere Texte zur Verfügung gestellt, auf die Sie sich ebenfalls beziehen sollen. Sie müssen dann selbst entscheiden, ob und wie Sie dieses weitere Material in Ihrer Lösung verwenden. Es kann auch sein, dass ein Material nicht unbedingt für die Lösung benötigt wird.

Sachsen – Besondere Leistungsfeststellung 10. Klasse Deutsch
Übungsaufgabe 1: Interpretation lyrischer Texte

Hermann Hesse (1877–1962):
Wie eine Welle (1901)

Wie eine Welle, die vom Schaum gekränzt
Aus blauer Flut sich voll Verlangen reckt
Und müd und schön im großen Meer verglänzt –

Wie eine Wolke, die im leisen Wind
Hinsegelnd aller Pilger Sehnsucht weckt
Und blaß und silbern in den Tag verrinnt –

Und wie ein Lied am heißen Straßenrand
Fremdtönig klingt mit wunderlichem Reim
Und dir das Herz entführt weit über Land –

So weht mein Leben flüchtig durch die Zeit,
Ist bald vertönt und mündet doch geheim
Ins Reich der Sehnsucht und der Ewigkeit.

Aus: *Das Lied des Lebens.* Die schönsten Gedichte von Hermann Hesse.
Frankfurt am Main [10]1995, S. 21.

Arbeitsauftrag

Interpretieren Sie das Gedicht. Beachten Sie die Vergleichsstruktur des Gedichts, lösen Sie wesentliche Metaphern auf und beziehen Sie Stellung zur Problemsicht des lyrischen Subjekts.

Lösungsvorschlag

Der Arbeitsauftrag gibt Ihnen einige Arbeitsschwerpunkte vor, die Sie berücksichtigen sollen. Der erste Schwerpunkt ist auf die Vergleichsstruktur des Gedichts bezogen, die Sie zunächst im Text durch Markieren herausarbeiten können: Welle, Wolke und Lied (Strophen eins bis drei) werden beschrieben und dann mit dem Leben (Strophe vier) verglichen. Eine wesentliche Teilaufgabe jeder Gedichtinterpretation stellt die Untersuchung der sprachlichen Gestaltungsmittel dar. In diesem Rahmen ist die Untersuchung der tragenden Metaphern des Textes sinnvoll. Im letzten Teil des Arbeitsauftrages werden Sie aufgefordert, ihre Meinung zum Thema des Textes der Meinung des lyrischen Subjekts gegenüberzustellen. In der Einleitung des Aufsatzes gehen Sie am besten vom Ersteindruck und vom Thema des Gedichts aus. Die notwendige Inhaltswiedergabe lässt sich sehr gut mit der Beschreibung der Vergleichsstruktur des Gedichts verbinden. Die Darstellungsweise des lyrischen Sprechers muss dabei beachtet werden. Im Rahmen der Analyse der sprachlichen Gestaltungsmittel gehen Sie auf den Sinngehalt der Metaphern (z. B. „Welle", „Wolke", „Lied", „Flut", „Pilger", „Herz") ein und erläutern deren Verwendung und Funktion. Verschiedene Deutungsmöglichkeiten des Gedichts stellen Sie möglichst in einem eigenständigen Absatz dar. Eine Formanalyse mit den Schwerpunkten Strophen, Reim und Versmaß gehört zu jeder Gedichtinterpretation. Im Schlussteil äußern Sie sich dazu, ob Sie der Sichtweise des lyrischen Subjekts zustimmen können.

Einleitung
Sinn des Lebens als Thema

Das Thema des Gedichts *Wie eine Welle* von Hermann Hesse erschließt sich dem Leser zunächst nicht sofort. Das liegt an der Vergleichsstruktur des Textes, die sich schon im Titel andeutet. Man wird behutsam zum eigentlichen Gegenstand, zum Problem geführt: Es geht um die Frage nach dem Sinn und dem Wesen des Lebens, das mit einer Welle, einer Wolke und einem Lied verglichen wird.

Hauptteil
Struktur des Gedichts: Vergleich

Die drei Vergleiche der einleitenden Strophen können als eine umfangreiche Hinführung zur eigentlichen Kernaussage des Gedichts in der vierten Strophe aufgefasst werden. Der lyrische Sprecher nimmt zunächst eine beschreibende Grundhaltung ein.

Strophe 1: Leben als Welle

In der ersten Strophe wird eine Welle dargestellt, die sich schaumgekrönt und kraftvoll aus der Weite des großen Meeres erhebt. Doch ihre Existenz ist nur von kurzer Dauer, sie entfernt sich schnell aus dem Auge des Betrachters und „verglänzt" (V. 3) in der Weite des Ozeans.

Wesentliche Eigenschaften der Welle werden auch dem Gegenstand der zweiten Strophe, einer Wolke, zugeordnet. Auch sie erscheint zunächst neu, sie wird aufmerksam beobachtet und beschrieben, bis sie zerfließend aus dem Blickfeld verschwindet. Der dritte Vergleich bezieht sich auf das Lied oder Musikstück eines Straßenmusikanten, dessen fremdländischer Klang die Gedanken des Zuhörers sehnsüchtig in die Ferne schweifen lässt.

Strophe 2: Leben als Wolke

Strophe 3: Leben als Lied

Das lyrische Subjekt des Gedichts gibt sich erst in der vierten Strophe in der Wortgruppe „mein Leben" (V. 10) eindeutig zu erkennen. Man hat den Eindruck, dass es eher um eine Art lautes Nachdenken des Sprechers als um das Ansprechen des Lesers geht.

Lyrische Situation

Das Wesen des Lebens gleicht nach Meinung des lyrischen Subjekts einer verfließenden Welle, einer sich auflösenden Wolke, einem verklingenden Lied. Dennoch hat dieses Verwehen und Vergehen des Lebens ein geheimes Ziel, einen geheimen Sinn, der im „Reich der Sehnsucht und der Ewigkeit" (V. 12) gesucht werden kann.

Auflösung der Vergleichsstruktur

Diesem Sinn kann man genauer nachspüren, wenn man die sprachlichen Gestaltungsmittel und bildhaften Ausdrücke des Gedichts untersucht. Die Vergänglichkeit der Welle wird dadurch betont, dass sie von noch schneller vergehendem Schaum bedeckt ist. Sie kommt aus dem „großen Meer" (V. 3), aus „blauer Flut" (V. 2), kann also vielleicht als flüchtiger Bestandteil eines dauerhaften Ganzen verstanden werden. Sie wird „müd" (V. 3) und verschwindet, das Universum des Ozeans bleibt aber erhalten und bringt immer neue Wellen hervor. Solche Gedanken kann sich aber nur ein genauer Beobachter machen, der dann auch als „Pilger" (V. 5) in der zweiten Strophe benannt wird.

Sprachanalyse

Auflösung von Metaphern: Welle

Spätestens hier gewinnt das Gedicht auch eine religiöse Dimension, denn ein Pilger ist ein Mensch, der sich an heilige Orte begibt, um dort zur Annäherung an Gott zu gelangen. Auch Selbsterkenntnis kann Ziel einer Pilgerreise sein. Die erscheinende, dahintreibende und vergehende Wolke kann also vom Pilger als ein Abbild seines eigenen Lebens erkannt werden. Das am „heißen Straßenrand" (V. 7) erklingende Lied könnte ein Hinweis darauf sein, dass der Pilger seinem Ziel schon nahe ist. Wichtige Ziele von Pilgerreisen liegen in südlichen, also

Religiöse Dimension

Auflösung von Metaphern: Wolke

warmen Ländern. Als Beispiele könnten Rom, der Sitz des Papstes, oder auch Jerusalem genannt werden.

Das erklärt auch den fremdtönigen, wunderlichen und exotischen Klang des Liedes, das die Sehnsüchte und Phantasien des Pilgers noch mehr anregt. Dass all diese Wahrnehmungen auch viel mit dem Gefühl, wahrscheinlich einem religiösen Gefühl, zu tun haben, zeigt die Metapher „Herz" in Vers 9.

Auflösung von Metaphern: Lied

Als Fazit aus den Vergleichen erkennt das lyrische Subjekt zunächst die wichtigste Eigenschaft seines eigenen Lebens: Es ist vergänglich und klein, es fließt in einem übermächtigen und gewaltigen Strom der Zeit. Dabei ist klar, dass es sich nicht nur um das Leben des lyrischen Subjekts handelt. Das Leben aller Menschen vergeht letztlich im Fluss der Zeit. Damit liegt die Frage nach dem Sinn des Lebens offen, die das Gedicht auf folgende Weise stellt: Welchen Sinn kann mein Leben haben, wenn es doch nur ein kleines, vergängliches Teilchen im unendlichen Universum darstellt? Die Antwort, die angeboten wird, erscheint als ungenauer Versuch. Ein Leben hat ein Ziel, es „mündet" (V. 11). Die genaue Antwort bleibt aber verborgen und unerkennbar, das bedeutet offensichtlich das Adjektiv „geheim" im selben Vers. Dass das Ziel des Lebens in der Ewigkeit liegen könnte, betont die schon durch den Pilger eingeführte religiöse Tendenz des Gedichts. Der Begriff der „Sehnsucht" (V. 12) verweist aber auch in eine andere Richtung. Sehnsüchte sind geheime, oft auch unbewusste Wünsche im Innern eines Menschen. Deren Erfüllung kann mit Selbstverwirklichung gleichgesetzt werden, die dann als zweiter Lebenssinn und als zweite Antwort auf die Frage nach dem Sinn des Daseins im Gedicht genannt wird.

Deutungsmöglichkeiten

Sinnfrage für alle Menschen

Annäherung an Gott als Lebenssinn

Selbstverwirklichung als Lebenssinn

Hesses Gedicht besteht aus vier Strophen mit je drei Versen. Innerhalb einer Strophe reimen sich der erste und der dritte Vers. Die Strophen sind durch den übergreifenden Reim ihrer Mittelverse miteinander verbunden, sodass folgendes, eher ungewöhnliches Reimschema erkennbar wird: aba cbc ded fef. Der fließende, dahinströmende Charakter des Gedichts wird durch die häufigen Enjambements verstärkt (V. 1 f., 4 f., 7 f., 11 f.).

Formanalyse:
- Strophen
- Reim

Die ersten beiden Strophen beginnen jeweils mit der Vergleichspartikel „wie", die verstärkend in der dritten Strophe mit „und wie" aufgegriffen wird. Gedankenstriche am Ende der Strophen verweisen darauf, dass der begonnene Vergleich noch

- Verdeutlichung der Struktur

nicht beendet ist. Sie nehmen den Gedankengang des Lesers auf und führen ihn zum abschließenden Urteil der vierten Strophe.

Das Versmaß des Gedichts, ein regelmäßiger fünfhebiger Jambus, verstärkt den Eindruck des Dahinfließens. In den Versen 5 und 8 („hinsegelnd", „fremdtönig") variiert der Autor den Jambus durch die Verwendung von Synkopen, also Verlagerungen des rhythmischen Schwerpunkts: Beim Vortrag muss jeweils die erste Silbe der Verse betont werden.

– Versmaß

Hesses Gedicht versucht meiner Meinung nach überzeugend, eine Antwort auf Fragen zu geben, die sich Menschen zu allen Zeiten gestellt haben. Die Vergänglichkeit des Lebens wird durch die beeindruckenden Bilder der Welle, der Wolke und des Liedes verdeutlicht. Trotzdem lässt die vierte Strophe Raum für die Hoffnung, dass etwas Dauerhaftes von der vergänglichen Existenz erhalten bleibt. Der einzelne Mensch ist selbst dafür verantwortlich, dieses Dauerhafte zu suchen und damit seine eigene Antwort auf die Frage nach dem Sinn des Lebens zu finden.

Schluss
Unlösbarkeit der Sinnfrage

Verantwortung des Individuums

Marie-Luise Kaschnitz (1901–1974): Ein ruhiges Haus

Ein ruhiges Haus, sagen Sie? Ja, jetzt ist es ein ruhiges Haus. Aber noch vor kurzem war es die Hölle. Über uns und unter uns Familien mit kleinen Kindern, stellen Sie sich das vor. Das Geheul und Geschrei, die Streitereien, das Trampeln und Scharren der kleinen zornigen Füße. Zuerst haben wir nur den Besenstiel gegen den Fußboden und gegen die Decke gestoßen. Als das nichts half, hat mein Mann telefoniert. Ja, entschuldigen Sie, haben die Eltern gesagt, die Kleine zahnt, oder die Zwillinge lernen gerade laufen. Natürlich haben wir uns mit solchen Ausreden nicht zufriedengegeben. Mein Mann hat sich beim Hauswirt beschwert, jede Woche einmal, dann war das Maß voll. Der Hauswirt hat den Leuten oben und den Leuten unten Briefe geschrieben und ihnen mit der fristlosen Kündigung gedroht. Danach ist es gleich besser geworden. Die Wohnungen hier sind nicht allzu teuer und diese jungen Ehepaare haben nicht das Geld, umzuziehen. Wie sie die Kinder zum Schweigen gebracht haben? Ja, genau weiß ich das nicht. Ich glaube, sie binden sie jetzt an den Bettpfosten fest, so dass sie nur kriechen können. Das macht weniger Lärm. Wahrscheinlich bekommen sie starke Beruhigungsmittel. Sie schreien und juchzen nicht mehr, sondern plappern nur noch vor sich hin, ganz leise, wie im Schlaf. Jetzt grüßen wir die Eltern wieder, wenn wir ihnen auf der Treppe begegnen. Wie geht es den Kindern, fragen wir sogar. Gut, sagen die Eltern. Warum sie dabei Tränen in den Augen haben, weiß ich nicht.

Aus: Marie-Luise Kaschnitz: *Steht noch dahin.* Neue Prosa. Frankfurt am Main 1970, S. 70.

Arbeitsauftrag

Interpretieren Sie die Kurzgeschichte. Rekonstruieren Sie das Geschehen, untersuchen Sie die Redeweise der Hauptfigur und bewerten Sie deren Verhalten.

Lösungsvorschlag

Im Arbeitsauftrag wird der von Ihnen zu interpretierende Text bereits als Kurzgeschichte bezeichnet. Die dargestellte Handlung ist in unserer Zeit also real vorstellbar. Schwerpunkte der Interpretation einer Kurzgeschichte können Thema, Handlung, Struktur, Figuren, Handlungsort, Handlungszeit und die Analyse der künstlerischen Gestaltungsmittel sein. Durch die personale Erzählweise des Textes wird das Geschehen aus der Sicht der Hauptfigur und damit einseitig wiedergegeben. Die Inhaltszusammenfassung fordert, dass Sie auch Sachverhalte erfassen, die die Hauptfigur nur indirekt erwähnt. Dadurch rekonstruieren Sie das Geschehen, wie es im zweiten Satz des Arbeitsauftrages gefordert wird. Den Inhalt des Gespräches können Sie im Wesentlichen dem Text entnehmen, Sie sollten aber Vermutungen anstellen, wo das Gespräch stattfindet und mit wem sich die Hauptfigur unterhält. Da die Kurzgeschichte nur aus der direkten Rede der weiblichen Hauptfigur besteht, kann man die Untersuchung der Redeweise mit der Analyse der Sprachgestaltung des Textes gleichsetzen. Aus dem Geschehen und aus den sprachlichen Äußerungen der Frau lassen sich wichtige Fakten für eine Bewertung der Figur ableiten. Da diese Bewertung im Arbeitsauftrag ausdrücklich gefordert wird, sollten Sie diesem Aspekt einen eigenen Absatz widmen. Die Lösung dieser Teilaufgabe kann auch den Schluss des Aufsatzes bilden. Aussagen zur Bedeutung des Titels (Ironie) und zu möglichen Wirkungsabsichten der Autorin vervollständigen Ihre Aufgabenlösung.

Einleitung
Thema und Ersteindruck

Die Kurzgeschichte *Ein ruhiges Haus* von Marie-Luise Kaschnitz thematisiert das Verhältnis unserer Gesellschaft zu Kindern und zu Familien, in denen Kinder leben. Da der gesamte Erzähltext nur aus der direkten Rede der Hauptfigur besteht, muss der Leser die Handlung des Textes und seine Vorgeschichte rekonstruieren. Obwohl die Kurzgeschichte bereits vor mehr als dreißig Jahren erschienen ist, hat sie nicht an Aktualität verloren und beschreibt ein nach wie vor wichtiges Problem unserer Gesellschaft.

Hauptteil
Inhalt, Rekonstruktion des Geschehens

Wohl in einem Treppenhaus begegnen sich eine ältere Hausbewohnerin und eine fremde Person. Die Bewohnerin bestätigt die Einschätzung der fremden Person, dass es im Haus ruhig sei. Allerdings habe bis vor kurzer Zeit großer Lärm geherrscht, der durch Kleinkinder verursacht wurde. Versuche ihres Mannes, den Lärm der Kinder zu unterbinden, verliefen erfolglos. Die Eltern hätten darauf verwiesen, dass ihre Kinder Zähne bekommen würden oder laufen lernten. Der Lärm sei also unvermeidlich. Daraufhin beschwerte sich der Ehemann beim Hauswirt, der den Familien die Kündigung der Wohnungen androhte. Daher hätten die jungen Ehepaare schließlich für Ruhe gesorgt. An dieser Stelle möchte die fremde Person wissen, wie das den Eltern gelungen sei. Die ältere Dame antwortet, dass die Kinder wahrscheinlich an den Betten festgebunden würden und Beruhigungsmittel bekämen. Sie kann sich nicht erklären, dass die Eltern jetzt weinen, wenn man sie nach dem Befinden ihrer Kinder fragt.

Personale Erzählsituation

Der Text entfaltet seine Wirkung über die personale Erzählsituation. Es wird ein Gespräch wiedergegeben, ohne dass dies als direkte Rede gekennzeichnet ist. Die Gesprächswiedergabe erfolgt unvollständig, die Fragen der fremden Person müssen durch den Leser erschlossen werden. Dadurch muss man sich in die Gedankenwelt der nicht mit einem Namen versehenen Frau hineinfinden.

Analyse des Gesprächs:
– Zweiteilung

Der Text ist zweigeteilt, im ersten Teil (bis „haben nicht das Geld, umzuziehen", Z. 12 f.) beschreibt die Hausbewohnerin, wie die gewünschte Ruhe im Haus durchgesetzt wurde. Der zweite Textteil beginnt damit, dass sie die von Ihrem Gesprächspartner gestellte Frage wiederholt: „Wie sie die Kinder zum Schweigen gebracht haben?" (Z. 13). Die Frau stellt hierzu Vermutungen an, die sie in einer schockierenden Weise charakterisieren. Man kann zunächst gut nachvollziehen, dass sich ein älteres Ehepaar von Kinderlärm im Haus gestört fühlen kann. Dass man versucht, mit den Eltern die Ursachen des Lärms zu ergründen, ist ebenfalls verständlich. Schon das Klopfen gegen Decken und Wände erscheint dagegen als unbeherrschte Reaktion. Die von den Eltern benannten Ursachen des Lärms werden als „Ausreden" (Z. 8) abgetan. Die Einbeziehung des Hauswirts und das Androhen der Kündigung erscheinen sehr unangemessen. Die Hausbewohnerin, ihr Ehemann und der Hauswirt bauen so eine Drohkulisse auf, gegen die sich die Familien mit ihren Kindern nicht wehren können.

– Entlarvung

– Wendung ins Groteske

Die Bewohnerin empfindet es als normal, dass den Kindern Beruhigungsmittel gegeben werden und dass man sie an den Bettpfosten festbindet. Sie erfasst in keiner Weise die Notsituation der Eltern, die durch den Konflikt zwischen der angedrohten Kündigung und der Liebe zu den eigenen Kindern entstanden ist.

Die nicht direkt wiedergegebenen Redeanteile der fremden Person beschränken sich auf die Bemerkung, dass es im Haus sehr ruhig sei (vgl. Z 1), und auf die Frage, wie die Eltern ihre Kinder beruhigt hätten (vgl. Z. 13). Die Hauptfigur charakterisiert sich dadurch selbst als egozentrisch und egoistisch. Sie lässt andere Menschen kaum zu Wort kommen. Sie ist nicht in der Lage, Konflikte mit Nachbarn im Gespräch und durch das Finden von gemeinsamen Lösungen abzubauen.

– Redeanteile

Die Äußerungen der Frau erscheinen zumindest teilweise als umgangssprachlich. Das kann man zum Beispiel an den Wörtern „Geheul", „Geschrei" (Z. 3) und „plappern" (Z. 16) erkennen. Öfter kommen Ellipsen vor, wie sie in der Umgangssprache üblich sind (vgl. Z. 2–4). Die meisten Sätze sind recht kurz und einfach gebaut. Die Frau ist also in ihrem Sprachgebrauch glaubwürdig dargestellt. Sie spricht den Gesprächspartner mehrfach an („Ein ruhiges Haus, sagen Sie?", Z. 1; „stellen Sie sich das vor", Z. 3), ohne allerdings Raum für eine Entgegnung zu lassen. Auch dadurch beweist sie ihre eigene Unfähigkeit zum Dialog.

Sprachgestaltung

Darüber hinaus erscheinen die Äußerungen der Frau im letzten Teil des Textes überzogen. Es ist eigentlich nicht vorstellbar, dass in unserer Gesellschaft das Ruhigstellen von Kindern mit Medikamenten und Fesseln akzeptiert wird. Andererseits gehen entsprechende Berichte immer wieder durch die Medien, wenn auch als bedauerliche Einzelfälle. Fast noch drastischer wirkt, wie die Beziehung der Frau zu den Eltern der Kinder nach dem ausgetragenen Streit beschrieben wird: Man grüßt sich wieder und stellt geheuchelte Fragen nach dem Befinden der Kinder.

Überspitzte Darstellung

Der Titel *Ein ruhiges Haus* lässt die Darstellung einer von Harmonie geprägten Situation erwarten. Tatsächlich herrscht im Haus nun wieder Ruhe, aber um welchen Preis: Die Kinder sind ruhig gestellt. Ihre Eltern müssen mit ungeeigneten Mitteln für Ruhe sorgen. Die Hauptfigur und ihr Mann haben ihre Ruhe brutal zurückerobert. Eigentlich handelt es sich nicht um ein ruhiges, sondern um ein sehr konfliktträchtiges Haus.

Mehrdeutigkeit des Titels

Die Bewertung der Figur erfolgt nur durch den Leser, weil durch die personale Erzählsituation eine Bewertung im Text nicht möglich ist. Die Denk- und Verhaltensweisen der Hauptfigur sind abzulehnen, sie sind an Unmenschlichkeit kaum zu übertreffen. Das eigentliche Problem besteht darin, dass in unserer Gesellschaft Kinder und die von ihnen erzeugten Ge-

Schluss
Bewertung der Hauptfigur; Intention des Textes

räusche oft als Belästigung empfunden werden. Richtig ist dagegen, dass Kinder die Zukunft jeder Gesellschaft sind und dass die Einstellungen zu Kindern gleichzeitig auch ein Maß dafür sind, wie erfolgreich Menschen ihre Zukunft gestalten. Nicht nur die Kinderfeindlichkeit von Mietern und Vermietern schadet. Vor allem ist es nicht richtig, wenn Kinder und ihre normalen Verhaltensweisen als störend empfunden werden. Auch die vorgetragenen Klagen im ersten Teil des Textes sind ein Beweis für Kinder- und Familienfeindlichkeit und tragen so zur negativen Bewertung der Hauptfigur bei.

Sachsen – Besondere Leistungsfeststellung 10. Klasse Deutsch
Übungsaufgabe 3: Interpretation dramatischer Texte

Zur Handlung des Dramas „Kabale und Liebe“: Der Adlige Major Ferdinand von Walther, Sohn des Präsidenten von Walther (ein hoher Beamter am Hof des Fürsten), liebt Luise, die Tochter des bürgerlichen Stadtmusikanten Miller, der sein Einkommen durch privaten Musikunterricht aufbessert. Eine Heirat von Ferdinand und Luise ist wegen der unterschiedlichen Herkunft nicht möglich. Eine Liebesbeziehung ohne Ehe kann von Luises Familie nicht akzeptiert werden. Durch vielfältige Intrigen, die die Liebe zwischen beiden untergraben, spitzt sich die Handlung zu und endet tragisch mit dem Tod der Hauptfiguren.

Friedrich Schiller (1759 –1805): Kabale[1] und Liebe (1784)

Erster Akt. Erste Szene

Zimmer beim Musikus
Miller steht eben vom Sessel auf und stellt sein Violoncell auf die Seite. An einem Tisch sitzt Frau Millerin noch im Nachtgewand und trinkt ihren Kaffee.

MILLER *schnell auf- und abgehend:* Einmal für allemal. Der Handel wird ernsthaft. Meine Tochter kommt mit dem Baron ins Geschrei. Mein Haus wird verrufen. Der Präsident bekommt Wind, und – kurz und gut, ich biete dem Junker aus[2].

FRAU: Du hast ihn nicht in dein Haus geschwatzt – hast ihm deine Tochter nicht nachgeworfen.

MILLER: Hab ihn nicht in mein Haus geschwatzt – hab ihm 's Mädel nicht nachgeworfen; wer nimmt Notiz davon? – Ich war Herr im Haus. Ich hätt meine Tochter mehr koram nehmen[3] sollen. Ich hätt dem Major besser auftrumpfen sollen – oder hätt gleich alles Seiner Excellenz, dem Herrn Papa, stecken sollen. Der junge Baron bringt's mit einem Wischer hinaus[4], das muss ich wissen, und alles Wetter kommt über den Geiger.

FRAU *schlürft eine Tasse aus*: Possen! Geschwätz! Was kann über dich kommen! Wer kann dir was anhaben? Du gehst deiner Profession nach und raffst Scholaren zusammen, wo sie zu kriegen sind.

MILLER: Aber, sag mir doch, was wird bei dem ganzen Kommerz[5] auch herauskommen? …

Aus: *Schillers Werke in fünf Bänden.* Zweiter Band. Berlin und Weimar [16]1981, S. 291.

Erläuterungen:

1 *Kabale:* Intrige, Ränkespiel
2 *ich biete dem Junker aus:* ich verbiete dem Junker mein Haus
3 *koram nehmen:* zur Rede stellen
4 *bringt's mit einem Wischer hinaus:* kommt mit einem Verweis davon
5 *Kommerz:* Angelegenheit, Sache

Arbeitsauftrag

Interpretieren Sie den Ausschnitt aus der Dramenszene. Untersuchen Sie die beiden Figuren und ihren Konflikt, beschreiben Sie wichtige sprachliche Gestaltungsmittel.

Lösungsvorschlag

Die wesentliche Besonderheit dieser Übungsaufgabe besteht darin, dass Sie einen Auszug aus einem viel umfangreicheren Text interpretieren sollen, den Sie insgesamt wahrscheinlich nicht kennen. Für eine erfolgreiche Bearbeitung müssen Sie die Textinformationen, die zusätzlich gegebenen Informationen zur Handlung von „Kabale und Liebe" und vorhandenes Wissen zur Geschichte und Literatur der zweiten Hälfte des 18. Jahrhunderts verbinden. Ausgangspunkt des Aufsatzes könnten eine zeitgeschichtliche Einordnung und eine Auseinandersetzung mit dem Thema der Szene sein. In die Zusammenfassung des Dialoges der beiden Figuren können Sie die räumlichen (Zimmer in der Privatwohnung) und zeitlichen (morgens) Umstände der Handlung einbeziehen. Kernpunkt der Untersuchung soll, wie im Arbeitsauftrag genannt, die Analyse der Figuren und ihrer Konflikte sein. Zur Figurencharakteristik eignen sich Aussagen zu den jeweiligen Zielen, Motiven und zur sozialen Stellung. Die sprachliche Ausgestaltung der Rollentexte ermöglicht Einblicke in die inneren und äußeren Konflikte der Figuren. Miller und seine Frau bewerten das Liebesverhältnis zwischen ihrer Tochter Luise und Ferdinand von Walther völlig unterschiedlich. Bei einem mehr als 200 Jahre alten Text erscheint es auch sinnvoll, dass Aussagen zur Aktualität der Themen, Konflikte und Lösungen gemacht werden. Damit bewerten Sie unter Einbeziehung heutiger Sichtweisen. Zu beachten ist, dass ein Theaterstück vorrangig für eine Aufführung im Theater und nicht als Lesetext geschrieben wird.

Schillers Drama *Kabale und Liebe* wurde 1784 in der Epoche des Sturm und Drang veröffentlicht. Wenige Jahre vor der Französischen Revolution werden am Beispiel einer Liebesgeschichte zwischen der Bürgerstochter Luise Miller und dem jungen Adligen Ferdinand von Walther die Grundkonflikte der Zeit auf der Bühne dargestellt. Die erste Szene des Dramas zeigt, dass der Musiker Miller und seine Ehefrau die Liebesbeziehung ihrer Tochter mit Ferdinand unterschiedlich wahrnehmen und bewerten.

Einleitung
Einordnung der Szene

Die beiden Figuren befinden sich in ihrer gewohnten häuslichen Umgebung. Miller hat offensichtlich eben noch auf seinem Violoncello gespielt, geht nun aber unruhig im Zimmer umher. Seine Ehefrau sitzt dagegen entspannt und noch im Nachtgewand beim Morgenkaffee. Der Dialog beginnt unvermittelt und versetzt den Zuschauer oder Leser sofort in das Geschehen hinein.

Hauptteil
Bühnensituation

Miller ist sich des Ernstes der Situation bewusst. Durch das Liebesverhältnis seiner Tochter werden deren Ruf und auch sein eigener leiden, er wird „ins Geschrei" (Z. 2) kommen. Er bedauert, dass er seiner Tochter zu viele Freiheiten gelassen hat. Gegenüber Ferdinand hätte er konsequent darauf bestehen müssen, dass eine Beziehung zwischen diesem und Luise nicht in Frage kommt. Als Mittel hierzu wäre eine Information an Ferdinands Vater, den Präsidenten, geeignet gewesen. Miller ist klar, dass eine Ehe zwischen dem Adligen und einer Bürgerstochter nicht denkbar ist. Sicher spielt auch die Angst vor einer unehelichen Schwangerschaft eine Rolle. Millers Frau sieht die Situation viel weniger problematisch. Ferdinand hat die Beziehung zu Luise von sich aus aufgebaut und ihr Ehemann und sie haben daran keinen Anteil. Eine Gefahr durch die Schädigung des Rufes der Familie kann sie nicht erkennen. Ihr Mann soll weiter seinem Beruf nachgehen und Geld verdienen. Miller ist jedoch ratlos, er weiß nicht, was aus dem „Kommerz" (Z. 16), der Angelegenheit, werden wird.

Handlung der Szene

Der äußere Konflikt zwischen den beiden Figuren besteht in der unterschiedlichen Bewertung der Liebesbeziehung: Miller ahnt die heraufziehende Gefahr und will deswegen eine sofortige Beendigung des Verhältnisses erreichen. Seine Frau dagegen findet nichts Anstößiges an der Beziehung, sie ist vielleicht sogar stolz darauf. Deswegen hat sie auch keinen Konflikt in ihrem Inneren. Miller jedoch ist äußerst unruhig, weil er sich

Innere und äußere Konflikte

selbst eine Schuld gibt. Er hat seiner Tochter die Beziehung zu Ferdinand nicht verboten.

Sprache und Charakterisierung der Figuren

Miller und seine Frau werden in einer privaten Atmosphäre vorgestellt. Beide verwenden die Umgangssprache. Als Beispiele für umgangssprachliche Ausdrücke können „ins Geschrei kommen" (Z. 2, Miller), „Wind bekommen" (Z. 3, Miller) und „Du hast ihn nicht in dein Haus geschwatzt" (Z. 5, Frau) angeführt werden. Auch auf der Ebene des Satzbaus findet sich Umgangssprachliches. Die Figuren verwenden Ellipsen, also unvollständige Sätze. Diese unvollständigen Sätze zeigen auch, dass das Verhalten von Miller („Einmal für allemal.", Z. 1) und von seiner Frau („Possen! Geschwätz!", Z. 13) stark von Gefühlen geprägt ist. Miller zeigt als wesentliches Gefühl eine prinzipielle Abneigung gegen den Adel und seine Vertreter. Er hätte gegenüber dem Major „besser auftrumpfen sollen" (Z. 9 f.), was sicher bedeutet, dass er in Gesprächen mit Ferdinand eine Beendigung der Beziehung zu Luise hätte fordern sollen. Ihm ist auch klar, dass Ferdinands gesellschaftliches Ansehen durch das Verhältnis zu Luise nicht gefährdet wird. Indem Miller Ferdinands Vater ironisch als den „Herrn Papa" (Z. 10) bezeichnet, distanziert er sich auch von diesem.

Verhältnis der Figuren zueinander

Millers Verhalten gegenüber seiner Frau ist wegen der unterschiedlichen Bewertung der Beziehung zwischen Ferdinand und Luise ziemlich unfreundlich. So äfft er ab Z. 7 die vorhergehenden Äußerungen seiner Frau regelrecht nach („Hab ihn nicht in mein Haus geschwatzt – hab ihm 's Mädel nicht nachgeworfen."). Er versucht aber auch, mit sachlichen Äußerungen seine Frau von seiner Position zu überzeugen. So fordert er diese am Ende des Textauszuges dazu auf, eine Lösung für das Problem zu finden, zweifelt aber wahrscheinlich daran, dass seine Frau dazu in der Lage ist. Frau Miller kann die Ängste und Befürchtungen ihres Mannes nicht verstehen. Sie bewertet dessen Äußerungen mit „Possen! Geschwätz!" (Z. 13). Auch die sich daran anschließende rhetorische Frage („Wer kann dir was anhaben?", Z. 14) verdeutlicht ihre Haltung.

Moralvorstellungen

Millers Vorbehalte gegen den Adel und gegen eine Beziehung seiner Tochter zu einem Adligen haben auch moralische Gründe: Miller weiß sicher aus seiner Lebenserfahrung heraus, dass für Luise die Gefahr besteht, als Geliebte ausgenutzt zu werden. Adlige konnten in der Zeit des 18. Jahrhunderts problemlos Verhältnisse mit bürgerlichen Mädchen haben, ohne dass daraus eine Verpflichtung erwuchs. Auch kirchliche Sichtweisen verboten vor- oder außereheliche Liebesverhältnisse. An Millers Äußerungen wird deutlich, dass er von einer traditionell geprägten Rollenverteilung zwischen Mann („Ernährer") und Frau („Hausfrau und Mutter") ausgeht. Seine Frau sieht den Sachverhalt deutlich toleranter, hat damit aber Unrecht, wie das tragische Ende des Theaterstücks beweist.

Schluss
Aktualität

Aus heutiger Sicht hat der Stoff sicher an Bedeutung eingebüßt. Männer und Frauen können Beziehungen oft weitgehend unbeeinflusst vom Elternwillen und von ihrem sozialen Stand in der Gesellschaft eingehen. Das liegt auch daran, dass soziale Schichten in unserer Zeit nicht mehr so streng gegeneinander abgegrenzt sind. Unterschiede hinsichtlich der Herkunft, des Bildungsstands und des Einkommens oder Vermögens können dennoch ein Hindernis beim Aufbau von Partnerschaften darstellen.

Sachsen – Besondere Leistungsfeststellung 10. Klasse Deutsch
Übungsaufgabe 4: Textanalyse

Die E-Mail löst den Papierberg ab

Virtuelle Form der Bewerbung hat sich durchgesetzt – Vorsicht bei Datei-Anhängen

Viele empfinden den Papierkram bei der Bewerbung um einen neuen Job als schier unüberwindliche Hürde. Doch es gibt eine Alternative: den Weg über E-Mail und Internet. Die Form sollte der Bewerber aber auch dabei wahren.

VON TILL WORTMANN

Chemnitz. Die Bewerbung für eine Ausbildungs- oder Arbeitsstelle ist eine komplizierte Gratwanderung. Sich selbst und seine Stärken positiv darzustellen, fällt vielen schwer. Umgekehrt formulieren andere ihre Pluspunkte derart selbstsicher, dass ihnen ihre Schreiben als arrogant ausgelegt werden. Und alle fragen sich: Was erwartet der Personalchef von mir? Guter Rat ist nicht teuer, denn zu all diesen Themen gibt es gute Gratis-Ratgeber im Internet. So wird die große Hürde Bewerbung kleiner, denn die Job-Profis im Netz helfen, die Formalien schnell in den Griff zu bekommen.

Neben der immer noch üblichen aufwändigen „Papier-Bewerbung“ hat sich längst auch die virtuelle per E-Mail durchgesetzt. Meist gibt schon das Stelleninserat darüber Auskunft, welcher Weg gewünscht wird. Einige Firmen machen es Job-Interessenten sogar noch einfacher: Sie fragen alle nötigen Informationen häppchenweise über detaillierte Online-Formulare ab oder bieten eine eigene Software an.

Unter Freunden wird die elektronische Post gern ohne Rücksicht auf Rechtschreibung, Formalitäten und Gestaltung verfasst. Bei offiziellen Anschreiben jedoch sollte mit der gleichen Sorgfalt und Höflichkeit umgegangen werden wie bei der klassischen Bewerbung. Flapsige Formulierungen wie „Hi Leute, habt ihr einen Job für mich?“ verstoßen eindeutig gegen die Etikette.

Die ideale Online-Bewerbung ist kurz und präzise, knapp und informativ. Jedoch darf nie der Hinweis fehlen, auf welche Stelle man sich bewirbt und wie man darauf aufmerksam wurde – am besten gleich in der Betreffzeile. In eine digitale Bewerbung gehören die gleichen Informationen wie in den herkömmlichen Bewerbungsbrief: ein prägnantes Anschreiben, das Interesse und Eignung für die Stelle ausdrückt, sowie der Lebenslauf, der übersichtlich alle beruflichen Daten und Fähigkeiten auflistet. Bilder, Zeugnisse oder Arbeitsproben können bei Bedarf eingescannt werden.

Vertrackt wird die Sache allerdings, wenn der Adressat die Bewerbungs-Mail nicht lesen kann, weil er nicht über die passende Programmversion verfügt. Deshalb sollte man Anschreiben und Lebenslauf am besten nicht als angehängte Dateien verschicken, sondern gleich mit ins E-Mail-Fenster schreiben. Bilder und Zeugnisse dagegen können als Datei mit Formatangaben versandt werden – eventuell lassen sich diese auch nachreichen.

Eine elegante Alternative ist die eigene Internetseite mit weiteren Informationen im HTML-Format. Aber Achtung: Man sollte die Adresse seiner Seite dann auch in der Bewerbungs-Mail nicht vergessen. Wer sicher sein möchte, dass alles so ankommt wie beabsichtigt, dem bleibt das Abspeichern der Seiten als plattformunabhängige PDF-Datei. Mit dem kostenlosen Acrobat Reader (www.adobe.de) ist diese auf praktisch jedem Computer zu lesen. (digi)

TIPPS

Auf korrekte Sprache achten
Eine E-Mail ohne Anrede, Betreff, Absender und Rechtschreibprüfung mag unter Kumpels korrekt sein – bei der Bewerbung nicht.

Eindeutige Betreffzeile
Im Betreff genaue Stelle, Quelle und Datum der Ausschreibung notieren. Umlaute vermeiden.

Sich kurz fassen
Ein Personalchef nimmt sich im Durchschnitt pro Bewerbung kaum eine halbe Minute Zeit. Das Anschreiben muss ihn also schnell packen. Da hilft nur eins: Sofort auf den Punkt kommen.

PDF für Dokumente
Wer Software-Probleme ausschließen will, greift zum Adobe-Dokumentenformat PDF. Alternative: Kurzbewerbung per E-Mail, alles Weitere auf einer Bewerbungs-Webseite.

Hilfreiches im Internet
www.bewerbungen.de, www.bewerbung.net, www.bewerbungsmappen.de, www.christian-scheller.de., http://inhalt.monster.de, www.jobscout24.de/bewerber, www.staufenbiel.de

Aus: Freie Presse vom 17. 9. 2005. Sonderbeilage Beruf & Ausbildung, S. 4.
Die „Freie Presse“ ist eine in Westsachsen weit verbreitete Regionalzeitung.

Arbeitsauftrag

Untersuchen Sie den Artikel. Arbeiten Sie heraus, welche Absichten der Autor verfolgt und welche sprachlichen und grafischen Gestaltungsmittel er zu deren Umsetzung nutzt.

Lösungsvorschlag

Die Formulierung des Arbeitsauftrages „Untersuchen Sie den Artikel." zielt auf eine Analyse des Textes ab. Eine solche Untersuchung besteht üblicherweise aus der Herausarbeitung der wesentlichen Textinhalte und aus der Analyse der verwendeten Gestaltungsmittel (vgl. S. VII dieses Bandes). Im zweiten Satz des Arbeitsauftrages werden Sie außerdem aufgefordert, die Absichten des Autors darzustellen und die grafischen Gestaltungsmittel zu untersuchen. Sie sollten die Lösungen der Teilaufgaben klar gegeneinander abgrenzen und damit Ihrem Aufsatz eine gut nachvollziehbare Gliederung geben. In der Einleitung benennt man das Thema des Artikels. Dann kann der durch den Text angesprochene Personenkreis beschrieben werden, daraus ergeben sich auch Absichten des Autors: Er will den Lesern nützliche Informationen zur Bewerbung per E-Mail oder Internet vermitteln. Am Beginn des Hauptteils fassen Sie die wesentlichen Textinformationen zusammen. Verwenden Sie dazu möglichst eigenständige Formulierungen, mit denen Sie nachweisen, dass Sie den Textinhalt verstanden haben. Die Struktur des Artikels erfassen Sie, indem Sie untersuchen, wie die Inhalte auf die Textabschnitte verteilt werden. Dabei sollten Sie sich auch zu den Funktionen der Abschnitte innerhalb des Gesamttextes äußern. Satzbau und Wortwahl sind Schwerpunkte der Sprachanalyse. Belegen Sie Ihre Aussagen mit Beispielen aus dem Text. Unterschiedliche Schriftgrößen, Anordnung des Textes und Rahmen oder Tabellen sind Elemente des Layouts. Die notwendige Bewertung des Textes nehmen Sie am besten im Schlussteil vor, Sie können sich dabei auf den Informationsgehalt und auf die Nützlichkeit des Textes beziehen.

Einleitung
Thema

Till Wortmanns Artikel *Die E-Mail löst den Papierberg ab* thematisiert die virtuelle Bewerbung auf einen Arbeitsplatz im Unterschied zur traditionellen schriftlichen Form. Durch die Veröffentlichung in der „Freien Presse", einer verbreiteten Regionalzeitung, wird zunächst ein recht großer Kreis von Lesern erreicht. Die Sonderbeilage „Beruf und Ausbildung" werden aber nur die Leser genauer zur Kenntnis nehmen, die sich für den Berufs- oder Ausbildungsmarkt interessieren. Besonders sind Personen angesprochen, die gegenwärtig oder in naher Zukunft Bewerbungen um einen Ausbildungs- oder Arbeitsplatz versenden wollen. Der Autor möchte diesen Leserkreis über die Bewerbung per E-Mail informieren und gleichzeitig beraten, worauf man bei einer solchen Form der Bewerbung achten sollte.

Zielgruppe

Absichten

Der Text von Till Wortmann lässt sich auf wenige Kernaussagen reduzieren:

- Eine Bewerbung um einen Ausbildungs- oder Arbeitsplatz ist eine komplizierte Aufgabe, für deren Lösung vielfältige Hilfsangebote vorhanden sind.
- Neben der traditionellen Bewerbungsmappe hat sich die Bewerbung per E-Mail durchgesetzt.
- Auch für das elektronische Bewerbungsverfahren gelten klare Regeln.
- Elektronische Bewerbungen sind knapp, präzise und informativ zu gestalten.
- Der Personalchef muss ohne großen Aufwand problemlos auf alle Daten zugreifen können.

Hauptteil
Thesenförmige Inhaltswiedergabe

In der Überschrift und im Untertitel benennt der Autor sein Thema und bewertet durch die Wortwahl („Papierberg“) das traditionelle Bewerbungsverfahren eher negativ. Damit möchte er sicher Aufgeschlossenheit gegenüber den neuen virtuellen Gestaltungsmöglichkeiten erreichen. Der einleitende Vorspann knüpft an mögliche negative Erfahrungen von Lesern an, verweist aber auch darauf, dass bei elektronischen Bewerbungen Regeln exakt beachtet werden müssen. Die folgenden sechs Abschnitte vertiefen jeweils einen oder zwei Gedanken und vermitteln dem Leser Informationen und Verhaltensregeln. Um herauszufinden, was Personalchefs von Bewerbern erwarten, gibt es vielfältige Ratgeber im Internet (1. Abschnitt: Z. 8–24). Die Bewerbung per E-Mail hat sich durchgesetzt, einige Firmen geben sogar von sich aus elektronische Formulare vor (2. Abschnitt: Z. 25–36). Sprachliche Normen und gute Umgangsformen sind unbedingt einzuhalten. Die Gestaltung von elektronischen Bewerbungen erfolgt grundsätzlich nach den gleichen Regeln wie bei schriftlichen Bewerbungen (3. und 4. Abschnitt: Z. 37–64). Anschreiben und Lebenslauf sollten wegen des leichteren und sicheren Zugriffs gleich im E-Mail-Fenster und nicht als Dateianhang übermittelt werden. Alle sonstigen Informationen können als problemlos lesbare PDF-Dateien verschickt werden. Als weitere Gestaltungsmöglichkeit bietet sich eine eigene Internetseite an, deren Adresse man dann unbedingt in der Bewerbungs-Mail mit angeben muss (5. und 6. Abschnitt: Z. 65–90).

Gedankenführung, Struktur

Hinsichtlich der Wortwahl gestaltet Till Wortmann seinen Artikel im Wesentlichen hochsprachlich und macht damit klar, dass das Thema „Bewerbung“ eine bedeutsame Angelegenheit darstellt. Relativ häufig finden sich Fachwörter aus dem Bereich der Computertechnik, die sich aus dem Thema des Textes erklären. Als Beispiele können „virtuell“ (Untertitel), „einscannen“ (Z. 64 f.) und „HTML-Format“ (Z. 80) angeführt werden. Aber auch umgangssprachliche Wörter („Papierkram“, Z. 1; „vertrackt“, Z. 65), und sprichwörtliche Wendungen („Guter Rat ist nicht teuer“, Z. 18) kommen im Text vor, vor allem mit der Funktion, den Leser anzusprechen und bei ihm eventuell vorhandene Berührungsängste abzubauen.

Sprachliche Gestaltung:
– Wortwahl

Der Autor verwendet einen übersichtlichen, nicht besonders komplizierten Satzbau. Wenn der Satz nur der Vermittlung von Informationen dient, werden fast ausschließlich einfache Hauptsätze verwendet (3. Abschnitt: Z. 37–47). Wenn es dagegen darum geht, Zusammenhänge darzustellen oder Erklärungen für bestimmte Sachverhalte zu liefern, dann kommen auch gut überschaubare Satzgefüge vor (5. Abschnitt: Z. 65–77). Auflockernd und gleichzeitig sehr informativ wirkt das Negativbeispiel einer Formulierung in einem Bewerbungsschreiben: „Hi Leute, habt ihr einen Job für mich?“ (Z. 45 f.). Warnungen vor Fehlern kündigt der Autor durch unvollständige Sätze an, die besonders einprägsam wirken: „Vorsicht bei Datei-Anhängen“ (Untertitel), „Aber Achtung:“ (Z. 80 f.).

– Satzbau

Der Text ist zweispaltig und sehr übersichtlich angeordnet. Überschrift und Untertitel werden durch größere Schriftzeichen und Fettdruck deutlich vom Text abgesetzt, wodurch der Leser das Thema des Artikels sofort erfasst. Der durch etwas größere Schrift nochmals abgesetzte Einführungsteil beschreibt die Zielgruppe, die möglichen Leser des Artikels. Das sind Personen, die durch gut gestaltete E-Mail-Bewerbungen ihre Chancen auf dem Arbeitsmarkt verbessern wollen. Die Absätze des Textes haben etwa denselben Umfang und erscheinen gut überschaubar. Sie sind durch Einrückungen deutlich kenntlich gemacht. Dadurch wird die Orientierung im Artikel erleichtert. Man kann auch schnell zu einem schon gelesenen Textteil zurückspringen. Eine Besonderheit stellt der neben dem Text stehende Kasten mit der Überschrift „Tipps“ dar. Diese Tipps bestehen aus drei aus dem Artikel herausgelösten Hinweisen zur Gestaltung der virtuellen Bewerbung. Hinzu kommen zwei Aussagen zu eher

Layout und Grafik

technischen Problemen, nämlich zum PDF-Format für Dokumente und zu weiteren Informationsmöglichkeiten im Internet. Hier werden aus Übersichtsgründen entsprechende Adressen angegeben, die in dieser Form und Vielfalt das Lesen des Artikels erschwert hätten.

Schlussteil
Beurteilung der Textqualität

Man wird sicher nicht erwarten können, dass ein recht knapper Zeitungsartikel die Gestaltung von Bewerbungen komplett in allen Punkten erklären kann. Wenn man aber bedenkt, dass die möglichen Leser sicher schon Erfahrungen in der Gestaltung von schriftlichen Bewerbungen haben, dann vermittelt Till Wortmann sehr präzise Informationen und praktische Ratschläge für virtuelle Bewerbungen. Es ist gut vorstellbar, dass Leser den Artikel aufbewahren, um die Informationen zu einem späteren Zeitpunkt nutzen zu können.

Nutzen für den Leser

Sachsen – Besondere Leistungsfeststellung 10. Klasse Deutsch
Übungsaufgabe 5: Literarische Erörterung

Bertolt Brecht (1898–1956): Maßnahmen gegen die Gewalt (1930)

Als Herr Keuner, der Denkende, sich in einem Saale vor vielen gegen die Gewalt aussprach, merkte er, wie die Leute vor ihm zurückwichen und weggingen. Er blickte sich um und sah sie hinter sich stehen – die Gewalt.

„Was sagst du?", fragte ihn die Gewalt.

„Ich sprach mich für die Gewalt aus", antwortete Herr Keuner.

Als Herr Keuner weggegangen war, fragten ihn seine Schüler nach seinem Rückgrat. Herr Keuner antwortete: „Ich habe kein Rückgrat zum Zerschlagen. Gerade ich muss länger leben als die Gewalt."

Und Herr Keuner erzählte folgende Geschichte: In die Wohnung des Herrn Egge, der gelernt hatte, nein zu sagen, kam eines Tages in der Zeit der Illegalität ein Agent, der zeigte einen Schein vor, welcher ausgestellt war im Namen derer, die die Stadt beherrschten, und auf dem stand, dass ihm gehören solle jede Wohnung, in die er seinen Fuß setzte; ebenso solle ihm auch jedes Essen gehören, das er verlangte, ebenso sollte ihm auch jeder Mann dienen, den er sähe.

Der Agent setzte sich in den Stuhl, verlangte Essen, wusch sich, legte sich nieder und fragte mit dem Gesicht zur Wand vor dem Einschlafen: „Wirst du mir dienen?"

Herr Egge deckte ihn mit einer Decke zu, vertrieb die Fliegen, bewachte seinen Schlaf, und wie an diesem Tage gehorchte er ihm sieben Jahre lang. Aber was immer er für ihn tat, eines zu tun hütete er sich wohl: das war, ein Wort zu sagen. Als die sieben Jahre herum waren und der Agent dick geworden war vom vielen Essen, Schlafen und Befehlen, starb der Agent. Da wickelte ihn Herr Egge in die verdorbene Decke, schleifte ihn aus dem Haus, wusch das Lager, tünchte die Wände, atmete auf und sagte: „Nein."

Aus: B. Brecht: *Gesammelte Werke in 20 Bänden*. Bd. 12. Frankfurt am Main 1967, S. 375.

Arbeitsauftrag

Erörtern Sie Gründe für das Verhalten von Herrn Keuner und Herrn Egge. Fassen Sie hierzu den Inhalt der Geschichte zusammen und beziehen Sie auch mögliche alternative Verhaltensweisen der beiden Figuren in die Erörterung ein.

Lösungsvorschlag

Die zwei Teilaufgaben der literarischen Erörterung werden im Arbeitsauftrag sehr klar benannt: Sie sollen zunächst den Inhalt der Geschichte zusammenfassen. Das Verstehen des Textes stellt gleichzeitig die Voraussetzung der Erörterungsaufgabe dar, in der es um das Verhalten der Figuren geht. Ihr Einfühlungsvermögen in literarische Texte wird angesprochen, weil Sie mögliche Verhaltensalternativen der Figuren in die Erörterung einbeziehen sollen. Aussagen zum Thema des Textes und zur Einordnung in die Zeitgeschichte – die faschistische Diktatur war 1930 als Gefahr für viele Menschen spürbar – eignen sich für die Gestaltung der Einleitung. Die Inhaltswiedergabe sollten Sie präzise, aber knapp formulieren. Wichtig ist das Erfassen der Zweiteilung der Geschichte und der Beziehungen der beiden Textteile zueinander. Eine systematische Analyse der künstlerischen Gestaltungsmittel wird bei einer literarischen Erörterung nicht gefordert. Der Arbeitsauftrag gibt in keiner Weise das Ergebnis der Erörterung vor, daher liegt prinzipiell eine dialektische Erörterung vor (vgl. S. VIII dieses Bandes). Die Dialektik ergibt sich aus dem nötigen Abwägen der verschiedenen Handlungsalternativen von Herrn Keuner und Herrn Egge. Günstig ist, wenn Sie die beiden Figuren in jeweils eigenen Abschnitten des Aufsatzes untersuchen. Im Schlussteil können Sie die Ergebnisse der Erörterung zusammenfassen und das Verhalten der beiden Hauptfiguren bewerten. Eine weitere Möglichkeit wären Äußerungen zu der Frage, ob der Text auch in unserer Zeit Denkanstöße vermitteln kann.

Einleitung
Zeitbezug

Die Parabel *Maßnahmen gegen die Gewalt* erschien im Jahre 1930. In dieser Zeit am Ende der Weimarer Republik fürchteten sich viele Menschen in Deutschland vor einer Diktatur. Es war vorauszusehen, dass eine solche Diktatur mit Gewalt und Unterdrückung gegen politische Gegner und Andersdenkende vorgehen würde.

Thema

Damit stellt sich die Frage, wie man sich verhält, wenn Existenz und Leben von staatlicher oder politischer Gewalt bedroht sind. Genau mit diesem Thema beschäftigt sich die Geschichte von Bertolt Brecht.

Struktur und Inhalt
Herr Keuner und seine Schüler (erste Geschichte)

Der Text besteht aus zwei Teilen. Im ersten tritt Herr Keuner in einem Saal als Redner auf und spricht sich gegen Gewalt und Gewaltanwendung aus. Während der Rede verlassen viele Leute den Raum. Nach einer Ursache hierfür suchend, schaut er sich um und erblickt, hinter sich stehend, die „Gewalt" (Z. 3). Ihr gegenüber fasst er den Inhalt seiner Rede zusammen: Er habe sich für die Gewalt ausgesprochen. Keuners Schüler können dieses widersprüchliche Verhalten nicht verstehen. Herr Keuner begründet sein Verhalten damit, dass er selbst die „Gewalt" überleben müsse.

Herr Egge
und der Agent
(Gleichnis)

Im zweiten Teil des Textes erzählt Herr Keuner nun ein Gleichnis als Rechtfertigung für sein eigenes Verhalten. Bei einem Herrn Egge sei in der Zeit der Illegalität ein Agent aufgetaucht, der den bedingungslosen Gehorsam einforderte. Herr Egge kommt allen Aufforderungen des Agenten nach. Auf die Frage „Wirst du mir dienen?" (Z. 16 f.) antwortet er aber nicht. Nach sieben Jahren ist der Agent dick und träge geworden, schließlich stirbt er. Herr Egge säubert die Wohnung, schafft die Leiche weg und antwortet endlich: „Nein" (Z. 24).

Erörterung
Herr Keuners
Handlungsmotive

Herr Keuner ist offensichtlich ein angesehener Lehrer, dessen Meinung seine Schüler und Mitmenschen schätzen. Deswegen sind sie auch zahlreich bei seiner Rede im Saal anwesend. Wahrscheinlich ist Keuner zunächst irritiert, als sich der Raum leert. Die Zuhörer haben Angst vor der Gewalt. Für den Leser bleibt zunächst unklar, wen oder was er sich unter der in keiner Weise näher gekennzeichneten „Gewalt" vorzustellen hat. Auch die Hauptfigur weicht zurück, indem sie scheinbar ihre Meinung ändert. Der Gewalt genügt dies, eine Aufklärung der widersprüchlichen Aussagen fordert sie nicht. Herr Keuner hätte die Frage nach dem Inhalt seiner Rede auch wahrheitsgemäß beantworten können: Damit hätte er sich aber gegenüber der Gewalt gegen die Gewalt aussprechen müssen. Ein solches Verhalten wäre sicher sehr riskant. Herr Keuner würde verhaftet, eingesperrt, außer Landes verwiesen oder umgebracht werden, denn so verhalten sich gewalttätige Regierungen und Diktatoren gegenüber ihren Kritikern. Herr Keuner hätte die Frage der Gewalt auch nicht beantworten können. Doch dann hätte nur der Inhalt seiner vorherigen Rede im Raum gestanden. Die Gewalt hätte vermutet, dass Herr Keuner an seinen Meinungen festhält und wie im ersten Fall reagiert. Die Lüge ist für Herrn Keuner daher die einzige Möglichkeit, seine Existenz zu retten.

Seine Alternativen

Herrn Egges
Handlungsmotive

Herr Egge befindet sich in einer etwas anderen Situation. Durch die Angabe „in der Zeit der Illegalität" (Z. 10) ist er selbst als Gegner einer Diktatur beschrieben, die Gewalt kommt auch sehr konkret in der Gestalt eines Agenten auf ihn zu. Der Agent ist durch einen „Schein" (Z. 11) der Staatsmacht berechtigt, Gehorsam und Unterwerfung einzufordern. Herr Egge befolgt also die

Weisungen des Agenten. Im Unterschied zu Herrn Keuner bekennt er sich aber nicht mit Worten zu seinen Handlungen.

Seine Alternativen

Herr Egge hätte die Frage, ob er dem Agenten dienen werde, mit „Ja“ beantworten können. Er tut dies aus Gewissensgründen nicht. Der Agent deutet das Ausführen seiner Befehle als Einverständnis und wird, verursacht durch das bequeme Dasein, träge und dick. Egge hätte den Gehorsam verweigern können, sowohl mit Taten als auch mit Worten. Er macht das nicht, weil er sonst staatliche Gewaltanwendung ihm gegenüber befürchten müsste. Das ist auch die eigentliche Parallele zwischen Herrn Keuner und Herrn Egge. Beide Figuren retten sich vor Gewaltanwendungen, indem sie ihre eigene Meinung oder Haltung verbergen und verheimlichen. Der Agent nimmt in der Beispielgeschichte von Herrn Egge die Rolle der Gewalt ein. Daher liegt es nahe, wenn man auch in der Geschichte von Herrn Keuner die Gewalt als unmittelbar bedrohliche staatliche Gewalt ansieht.

Aufrichtigkeit und Ehrlichkeit

Obwohl die Handlungen der beiden Figuren gut begründet werden können, ist der Leser der Geschichte *Maßnahmen gegen die Gewalt* verunsichert. Das liegt daran, dass Herr Keuner und Herr Egge unaufrichtig und unehrlich gewesen sind. Das klare und eindeutige Bekenntnis zur eigenen Meinung gilt als vorbildliche Verhaltensweise. In diesem Sinne haben Keuner und Egge keinesfalls vorbildlich gehandelt.

Schluss
Aktualität

Wir leben heute in einer Demokratie, in der die Freiheit der Meinung geschützt ist. Niemand muss befürchten, dass er durch staatliche Gewalt in diesem Recht eingeschränkt wird. Außerdem kann man sich vor Gerichten gegen Entscheidungen wehren. Brechts Text hat dennoch ein hohes Maß an Aktualität. In vielen Alltagssituationen äußern sich Menschen nicht aufrichtig und ehrlich. Man sagt in einer Gaststätte, dass alles sehr gut geschmeckt hat, obwohl das Essen lauwarm auf den Tisch kam. Man lobt das neue Sweatshirt eines Mitschülers, obwohl es einem eigentlich nicht gefällt. Man wird sich auch reiflich überlegen, ob man eine Respektsperson kritisiert, wenn man deren Entscheidungen für falsch hält. Brechts Text ist also auch nach mehr als siebzig Jahren noch aktuell, wenn auch in einem deutlich anderen Sinne als zur Zeit seiner Entstehung.

Carola Padtberg: Je mehr am Computer, desto dümmer

Die Pisa-Studie legt nahe, dass Schüler im Unterricht besser abschneiden, wenn sie viel Zeit am Computer verbringen. Zwei Münchner Forscher halten das für Unfug – weil Jugendliche am Rechner mehr daddeln als lernen. Darum fordern Sie: volle Kraft zurück.

Kultusministerien, Bildungseinrichtungen und Eltern machen derzeit viel Geld locker, um Schülern die besten Lernbedingungen am Computer zu ermöglichen. Das ist offenbar ein Irrweg: Computer gehen nicht mit besseren, sondern zumeist mit schlechteren Leistungen in den Pisa-Kompetenzen einher, urteilten nun die Bildungsexperten Ludger Wößmann und Thomas Fuchs vom Institut für Wirtschaftsforschung (Ifo) in München. Zunächst legten die Pisa-Ergebnisse nahe, dass Schüler, die zu Hause und in der Schule Zugang zu Computern haben, besser abschneiden. Doch die OECD verglich lediglich die Verfügbarkeit von Computern mit den Leistungen im Pisa-Test – eine Interpretation, die nach Auffassung der Münchner Forscher zu kurz greift. „Dabei wird übersehen, dass der Zugang zu Computern im Elternhaus oft nur ein Hinweis auf den besseren sozialen Hintergrund des Schülers ist“, erläutert der Wirtschaftswissenschaftler Thomas Fuchs. Dass Schüler mit stärkerem Computerinteresse im Pisa-Test höher punkten, hält er für eine „fragwürdige Schlussfolgerung“. Die Ifo-Forscher unterscheiden zwischen der Auswirkung von Computern zu Hause und im Unterricht. Das Ergebnis: Computer im Kinderzimmer drücken die Noten, weil auf ihnen mehr gespielt als gelernt wird. In der Schule wirken sie sich nur positiv aus, wenn sie nicht mehr als einmal in der Woche angeschaltet werden.

Multimedia im Kinderzimmer lenkt vom Lernen ab.

Der Untersuchung zufolge hängt die Verfügbarkeit von Computern zu Hause vom sozialen Status der Eltern ab. Das Milieu wiederum beeinflusst die Pisa-Leistung: Kinder von Eltern mit „anspruchsvollen Berufen“ schneiden im internationalen Vergleich generell besser ab. Um die Neuntklässler trotzdem sinnvoll messen zu können, schätzten Wößmann und Fuchs anhand der Bücher in einem Haushalt das soziale Milieu. „Dieser Bücher-Faktor gibt uns Aufschluss über den soziologischen, ökonomischen und kulturellen Hintergrund des Schülers“, erklärt Fuchs. Als die Wissenschaftler die Neuntklässler mit ähnlichem Bücher-Faktor nochmals verglichen, stellten sie fest, dass Heimcomputer die Schulleistungen nicht positiv beeinflussen. Im Gegenteil. „Wir konnten sehen, dass ein Computer zu Hause den Schüler vom Lernen mehr ablenkt als fördert", erklärt Fuchs. Vereinfacht gesagt: „Je mehr Computernutzung, desto dümmer sind die Schüler, wenn sie aus vergleichbaren Verhältnissen stammen." Die Ifo-Forscher zeigen aber auch, dass eine sinnvolle Computernutzung theoretisch den negativen Effekt aufheben könnte – sofern die Schüler tatsächlich für die Schule arbeiten.

82 Prozent der Pisa-getesteten Neuntklässler haben daheim Zugang zu einem Computer. Allerdings benutzt knapp die Hälfte davon den Rechner so gut wie nie zum Recherchieren im Internet oder zum Senden von E-Mails. [...] Nach den Berechnungen von Fuchs und Wößmann wirkt sich schon ein Computer pro Haushalt negativ aus, denn er wird meist nicht sinnvoll genutzt. Gibt es mehr als einen Rechner zu Hause, liegen die Schüler ein halbes Jahr hinter den Leistungen ihrer computerlosen Mitschüler zurück. [...]

Quelle (gekürzt und leicht bearbeitet): Spiegel Online, 6. 10. 2005.
http://www.spiegel.de/unispiegel/schule/0,1518,378164,00.html (25. 1. 2006).

Arbeitsauftrag

Fassen Sie die wesentlichen Inhalte des Textes zusammen und äußern Sie sich zu den Absichten der Autorin. Erörtern Sie, ob die Kerninformationen des Textes aus Ihrer Sicht richtig sind, und beziehen Sie dabei eigene Erfahrungen ein.

Lösungsvorschlag

Der Arbeitsauftrag bei einer Texterörterung umfasst üblicherweise zwei Teilaufgaben, nämlich die Darstellung von Inhalt und Struktur des Ausgangstextes und die Bearbeitung einer auf den Text bezogenen Erörterungsaufgabe. Bei der hier vorliegenden Übung sollen Sie in die Inhaltsbeschreibung auch die Absichten der Autorin einbeziehen. Bei der Erörterungsleistung werden Sie dazu aufgefordert, Beispiele aus Ihrer eigenen Erfahrungswelt zu berücksichtigen und Ihre persönliche Sichtweise darzustellen. Die Textuntersuchung sollten Sie möglichst knapp gestalten und dabei auch auf die logische Verknüpfung der Argumente und auf die Gedankenführung der Autorin im Ausgangstext achten. Eine systematische Untersuchung der sprachlichen Gestaltungsmittel wird nicht gefordert. Sie können aber typische, vor allem wirkungsvolle Formulierungen des Textes berücksichtigen. Die Qualität Ihres Aufsatzes wird wesentlich durch eine tiefgründige und aspektreiche Erörterung des Problems bestimmt. Sie verfügen wahrscheinlich über vielfältige Erfahrungen im Umgang mit Computern und können die Nützlichkeit dieser Geräte für Ihren eigenen Lernfortschritt gut beurteilen. Greifen Sie bei der Erörterung unbedingt auf diese Erfahrungen zurück und arbeiten Sie dabei mit möglichst konkreten Beispielen. Formulieren Sie so, dass immer erkennbar ist, ob die jeweilige Aussage Ihre Meinung darstellt oder ob es sich um Thesen des Ausgangstextes handelt. Die abschließende Zusammenfassung sollte klar erkennen lassen, ob Sie den Aussagen des Artikels vollständig, nur teilweise oder gar nicht zustimmen.

Einleitung
Thema, Absicht, Adressaten

Der Artikel von Carola Padtberg mit dem etwas provozierenden Titel *Je mehr am Computer, desto dümmer* wurde im Online-Portal des Nachrichtenmagazins „Der Spiegel" veröffentlicht. Die Autorin stellt in ihrem Bericht neue Erkenntnisse von Wissenschaftlern des Münchner Instituts für Wirtschaftsforschung (Ifo) dar, die besagen, dass sich Schülerleistungen durch die häufige Nutzung von Computern nicht zwangsläufig verbessern.

Textuntersuchung
Wesentliche Textinhalte, Argumentationsaufbau

Anhand von Beispielen wird gezeigt, dass in Deutschland viel investiert wird, um Schülern Arbeitsmöglichkeiten am Computer zu schaffen. Dem entgegen steht ein Urteil der Bildungsexperten Ludger Wößmann und Thomas Fuchs vom Münchner Ifo-Institut: Die Verfügbarkeit von Computern führt zu schlechteren Schülerleistungen. Die Pisa-Studie hatte zunächst gezeigt, dass Schüler mit Computerzugang bessere Leistungen erbringen. Der Sachverhalt ist aber komplizierter: Computer sind häufig in Haushalten vorhanden, die einen hohen sozialen Status haben. In solchen Haushalten gibt es auch viele Bücher. Die Wissenschaftler verglichen nun Haushalte mit etwa gleicher Bücherausstattung und stellten fest, dass das Vorhandensein eines Computers die Leistungen der getesteten Schüler nicht zusätzlich verbesserte. In Haushalten mit zwei Computern verschlechterten sich die Leistungen sogar. Die entscheidende Frage ist nach Meinung der Wissenschaftler nicht, ob ein Computer vorhanden ist, sondern, was mit diesem Computer gemacht wird. Statt zur Recherche im Internet würde der Computer vor allem zum Spielen genutzt. Daraus ergeben sich aber keine verbesserten Schülerleistungen. In Schulen würden PCs nur dann etwas nützen, wenn sie nicht öfter als einmal pro Woche eingesetzt werden.

Absichten der Autorin

Die Hauptabsicht der Autorin besteht nun zunächst darin, die Leser über die Erkenntnisse der Münchner Forscher zu informieren. Diese Erkenntnisse stehen aber im Widerspruch zu der verbreiteten Ansicht, dass Computer Schülerleistungen positiv beeinflussen. Deswegen will Carola Padtberg auch eine Diskussion über das Thema anregen. Diesem Zweck dient die vorangestellte Zusammenfassung mit ihren provozierenden umgangssprachlichen Formulierungen, wie „Unfug“ (Z. 3), „daddeln“ (Z. 4) und „volle Kraft zurück“ (Z. 4).

Erörterung
Ersteindruck und eigene Erfahrung: gute Verfügbarkeit von PCs in der Schule und zu Hause

Zunächst gestehe ich, dass mich der Artikel ziemlich überrascht hat. Für mich ist der PC eigentlich ein selbstverständliches Arbeitsgerät. Unsere Schule verfügt über drei moderne Informatikräume mit schnellen Internetzugängen. In diesen Räumen findet vor allem der Informatikunterricht statt, manchmal aber auch Physik, Mathematik und Spanisch. Außerdem stehen Rechner in PC-Ecken auf den Fluren. Einige Lehrer gestalten ihren Unterricht mit Laptop und Beamer. Vor zwei Jahren haben meine Eltern einen neuen PC angeschafft, seitdem habe ich in meinem Zimmer den alten Rechner, allerdings ohne Internetzugang.

Bestätigung der These zur guten Ausstattung mit PCs in der Schule und zu Hause, aber Hinweis auf nur eingeschränkte Nutzung

Die Forscher des Ifo-Instituts stellen die Ausstattung von Schulen und Kinderzimmern mit Computern richtig dar. Ich kann an meiner Schule eigentlich zu jeder Zeit am Rechner arbeiten. Nach dem Unterricht stehen die Räume offen und auch die sonstigen Arbeitsplätze sind fast nie völlig besetzt. Ich verfüge auch auf dem Schulserver über einen eigenen Ordner, in dem ich Dateien ablegen kann. Da ich aber wie viele andere meiner Mitschüler auf den Linienbus angewiesen bin, nutze ich die schulischen Möglichkeiten außerhalb des Unterrichts nur selten. Auch zu Hause schalte ich den Computer nicht täglich ein, weil ich mehrmals wöchentlich in einem Sportverein trainiere.

Im Artikel wird behauptet, dass Schüler den PC zu Hause vor allem zum Spielen nutzen und dass sich dies negativ auf die Zensuren auswirken würde (vgl. Z. 38–41). Diese Aussage erscheint mir fraglich. Auf meinem PC befinden sich einige Spiele, vor allem Strategiespiele, mit denen ich mich insbesondere am Wochenende längere Zeit beschäftige. Außerdem löse ich öfter Hausaufgaben mithilfe eines elektronischen Lexikons. Meine Spanischlehrerin hat ein Programm zum Lernen von Vokabeln empfohlen, das ich aber nur selten nutze, weil ich meiner Meinung nach mit dem Lehrbuch schneller arbeiten kann. Auf mich trifft also wahrscheinlich nicht zu, dass sich mein Computer negativ auf meine Leistungen auswirkt.

Differenzierung beim Urteil über die private Nutzung von PCs:

- Maßvoller Einsatz: Strategiespiele am Wochenende, Unterstützung bei Hausaufgaben

Einige meiner Mitschüler nutzen den PC sehr intensiv. Sie tauschen Spiele aus und haben umfangreiche Musikarchive auf ihren Festplatten gespeichert. Pausengespräche drehen sich öfter um Spiele im Internet oder auch um Chatrooms. Ob diese Schüler ihre Leistungen verbessern würden, wenn sie seltener am Computer säßen, das weiß ich natürlich nicht. Sie gehören jedenfalls nicht zu den Leistungsstärksten in meiner Klasse.

- Intensive private PC-Nutzung: Musikarchive, Spiele, Chatrooms

Der Zusammenhang zwischen häufiger Nutzung des Computers als Spielgerät und schlechten schulischen Leistungen ist für mich einleuchtend. Wenn ich meine verfügbare Zeit zum großen Teil spielend am PC verbringen würde, dann bliebe die Erledigung von Hausaufgaben, die Vorbereitung auf Klassenarbeiten und auch die Erholung von den Anstrengungen eines Schultages auf der Strecke.

- Fazit: Die im Artikel genannte These erscheint nachvollziehbar, kann aber nicht verallgemeinert werden

In dem Artikel wird außerdem gesagt, dass Computer nicht mehr als einmal wöchentlich im Unterricht genutzt werden sollten. Die einmalige Nutzung ist schon durch den Informatikunterricht gegeben. Alle anderen Fächer dürften dann keine Computer verwenden. In einigen Fächern wird der Unterricht aber durch Präsentationen vom PC aus sehr anschaulich. Wenn wir in Gruppenarbeit in den Fächern Physik und Mathematik Aufgabenblätter am Computer bearbeiten, kommt es meiner Meinung nach häufig zu einer intensiven Lernarbeit mit guten Resultaten.

Schulische Nutzung von PCs:

Widerspruch gegen die im Text empfohlene Beschränkung auf nur eine Anwendung pro Woche

Einigen Aussagen des Artikels von Carola Padtberg kann man also problemlos zustimmen. Manche der vorgestellten Thesen sind aus meiner Sicht strittig. Die Autorin hat auf alle Fälle sachlich über neue Forschungsergebnisse informiert. Sie hat auch die Augen dafür geöffnet, dass die Nutzung von Computern durch Schüler ein kompliziertes Problem mit vielen Aspekten darstellt. Da Wissenschaftler eines Forschungsinstituts wahrscheinlich nur gesicherte Erkenntnisse veröffentlichen, sollten Schüler, Lehrer und Eltern darüber nachdenken, wie die in guter Qualität vorhandene Computertechnik tatsächlich für Leistungsverbesserungen genutzt werden kann.

Schluss
Zusammenfassung und Bewertung

Oliver Goldsmith (1730–1774)
„In einem zivilisierten Zeitalter wird fast jedermann zum Leser und empfängt durch Bücher mehr Unterweisungen als von der Kanzel.“

Arbeitsauftrag

Erörtern Sie, ob in unserer heutigen, von elektronischen Medien geprägten Gesellschaft Bücher noch immer entscheidende Bedeutung als Vermittler von Informationen und Bildung haben. Beziehen Sie das Zitat des irischen Schriftstellers Oliver Goldsmith in geeigneter Weise ein.

Lösungsvorschlag

Der Arbeitsauftrag gibt Ihnen das zu erörternde Thema genau vor: Sie sollen sich zur gegenwärtigen Bedeutung von Büchern als Vermittler von Information und Bildung äußern. Diese Fragestellung ist sehr berechtigt, denn das Buch als Medium konkurriert anders als in früheren Zeiten mit den elektronischen Medien Internet, Fernsehen und Rundfunk. Zusätzlich liegt Ihnen ein Zitat des irischen Schriftstellers Oliver Goldsmith vor, das Sie einbeziehen sollen. Für die Lösung der Aufgabe gibt es viele unterschiedliche Möglichkeiten. Die Themenformulierung fordert eine dialektische Erörterung. Günstig ist es, wenn Sie die Bedeutung der unterschiedlichen Medien als Informationsträger hinsichtlich ihrer Vor- und Nachteile systematisch untersuchen. Dabei beziehen Sie Beispiele und eigene Erfahrungen ein. Das macht Ihren Aufsatz anschaulich und nachvollziehbar. Formulieren Sie in klaren und überschaubaren Sätzen. Den Inhalt des Zitats von Goldsmith sollten Sie mit eigenen Worten erklären und berücksichtigen, dass der Autor in der Epoche der Aufklärung lebte, in der die Verbreitung von Büchern erheblich zunahm. Der Bezug zum Zitat kann sowohl in der Einleitung als auch im Hauptteil der Erörterung hergestellt werden. Im folgenden Aufsatzbeispiel wurde die letztere Variante gewählt, weil das Zitat von Goldsmith nur einen Teilbereich des wesentlich umfassenderen Erörterungsauftrages thematisiert. Im Schlussteil des Aufsatzes fassen Sie Ihre Ergebnisse zusammen. Ihr Urteil über die aktuelle Bedeutung des Mediums Buch sollte keinesfalls einseitig ausfallen, sondern die stark veränderte Medienlandschaft insgesamt berücksichtigen.

Unsere Gesellschaft ist auf dem Weg von einer Industriegesellschaft zu einer Informationsgesellschaft. Derjenige, der zum richtigen Zeitpunkt über geeignete Informationen verfügt, hat Vorteile gegenüber anderen Menschen. Zur Gewinnung dieser Informationen stehen viele Möglichkeiten zur Verfügung. Unsere Medienlandschaft erscheint heute schon fast unüberschaubar. Dutzende Fernseh- und Rundfunkkanäle überschütten uns geradezu mit Informationen. Im Internet findet man viele Fakten zu fast jedem beliebigen Thema. Das aktuelle Angebot in Zeitschriftenläden füllt mehrere Regale. Vor diesem Hintergrund ist natürlich die Frage berechtigt, ob dem traditionellen Medium Buch tatsächlich noch eine wichtige Funktion als Vermittler von Informationen zukommt oder ob heute andere Medien dem Buch den Rang abgelaufen haben.

Einleitung
Gesellschaftlicher Wandel und Medienvielfalt

Für mich vergeht eigentlich kaum ein Tag, an dem ich nicht mehr oder weniger intensiv mit Büchern beschäftigt bin. Das beginnt morgens beim Packen meiner Schultasche: Die für den Unterricht des Tages notwendigen werden eingepackt, die nicht benötigten ins Regal gestellt. In der Schule finden die Lehrbücher häufig Verwendung, entweder als Anschauungsmaterial oder als Informationsquelle. Besonders für Gruppenarbeitsphasen bringen Lehrer weitere Bücher mit. Die Bibliothek meiner Heimatstadt besuche ich regelmäßig, allerdings hauptsächlich für die Ausleihe von Musik-CDs und Filmen. Einige meiner Mitschüler lesen in Ihrer Freizeit wahrscheinlich mehr als ich. Meine Eltern besitzen ziemlich viele Bücher, sowohl Sachliteratur als auch Romane. Ein mehrbändiges Lexikon nutze ich öfter bei der Erledigung meiner Hausaufgaben. Man kann also schon an dieser Stelle sagen, dass Bücher für mich als Informationsquelle ziemlich bedeutsam sind.

Hauptteil
Eigene Erfahrung mit Büchern als Informationsträgern

Oft benötigt man spezielle Informationen für einen bestimmten Zweck, zum Beispiel bei der Vorbereitung eines Schülervortrages. Hier spielen meiner Meinung nach Daten aus dem Internet und von CD-ROMs die Hauptrolle. Wenn in dem Vortrag nur Informationen zu einem Künstler oder zu einem bestimmten naturwissenschaftlichen Thema verlangt sind, dann kann man diese meist schnell bekommen. Geeignet sind hierfür vor allem elektronische Nachschlagewerke auf CD und Internetangebote wie Wikipedia. Die Information findet man aber auch oft in einem gedruckten Lexikon. Der Vorteil der elektronischen

Nutzung von Internet und Büchern bei der schulischen Arbeit: Vorbereitung eines Referats

Medien besteht insbesondere darin, dass man die entsprechenden Seiten speichern, bearbeiten, ausdrucken oder in anderer Weise weiterverwenden kann. Anders ist die Situation, wenn man für ein Referat eine umfassendere Problemstellung bearbeiten muss. Dann ist es vielleicht günstiger, wenn man in einer Bibliothek Bücher und Zeitschriften ausleiht oder den Vortrag gleich in der Bücherei vorbereitet. Dort stehen, jedenfalls in meiner Heimatstadt, sogar kostenfreie PC-Arbeitsplätze zur Verfügung.

Nutzung von Fernsehen und Rundfunk als Informationsträger

Im Radio kann man sich aktuell in Nachrichtensendungen über das Tagesgeschehen sowie über Wetter, Staus auf Autobahnen und Sportereignisse informieren. Wenn man Informationen für bestimmte Zwecke benötigt, kann man dieses Medium meiner Meinung nach nicht nutzen. Das trifft auch auf Fernsehsendungen zu. Es laufen zwar öfter Beiträge über interessante Themen, zum Beispiel aus den Bereichen Tierwelt und Umweltschutz. Da man aber nicht wie in einem Buch oder auch im Internet etwas mehrmals lesen kann, bleiben die mitgeteilten Informationen meist auch nicht gut im Gedächtnis haften. Das Mitschneiden von Sendungen löst dieses Problem auch nicht. Der Vorteil der Informationen aus dem Fernsehen besteht vor allem in der Anschaulichkeit, man kann im Film eben viele Vorgänge so zeigen, wie sie in der Wirklichkeit ablaufen.

Zeitungen und Zeitschriften

Meine Eltern haben eine Tageszeitung abonniert, und sie lesen diese auch regelmäßig. Mir genügen für die aktuelle Information eigentlich die Nachrichtensendungen im Radio. Für spezielle Informationszwecke ist die Zeitung wenig geeignet, weil nur selten gerade über das Thema berichtet wird, zu dem man Informationen benötigt. In Zeitschriften muss man sicherlich mit großem Aufwand suchen, bis ein geeigneter Artikel gefunden ist.

Internet und PC als wichtigste Informationsquellen

Beim Vergleich der unterschiedlichen Informationsmedien komme ich zu dem Schluss, dass das Internet in unserer Zeit die wichtigste Informationsquelle ist. Computer sind für alle Schüler im Schulgebäude vorhanden. Auch die Informatikräume stehen außerhalb des Unterrichts zur Verfügung. Aus eigener Erfahrung weiß ich allerdings, dass die Computer nicht ausschließlich als Informationsquelle genutzt werden. Spiele aller Art, Chatrooms und auch das Downloaden und Austauschen von Musik im MP3-Format haben eigentlich nicht sehr viel mit der Nutzung des Internets als Informationsträger zu tun. Ein weiteres Problem des Internets besteht darin, dass viele Seiten kostenpflichtig sind. Der Preis einer bestimmten Internetseite sagt allerdings noch nicht unbedingt etwas über deren Qualität aus.

Das Zitat von Goldsmith

Einen wichtigen Vorteil des Buches thematisiert das Zitat von Oliver Goldsmith. Dieser irische Schriftsteller, ein Zeitgenosse Gotthold Ephraim Lessings, lebte in der Epoche der Aufklärung. Ebenso, wie das Internet heute einer immer größeren Zahl von Nutzern immer mehr Informationen zur Verfügung stellt, gehörte die Wissensvermittlung an breite Schichten zu den Zielen jener Zeit. Goldsmith meint, dass in einem zivilisierten Zeitalter fast jeder zum Leser würde und dass man aus Büchern mehr „Unterweisung" als aus sonntäglichen Predigten empfangen könne. Sicher sieht er seine eigene Zeit, also das 18. Jahrhundert, als eine solche zivilisierte Zeit an, in der jedermann des Lesens mächtig ist oder wenigstens sein sollte. Der Begriff der „Unterweisung" beinhaltet neben der Vermittlung von Information auch eine umfassende Bildung des Lesers. Hinsichtlich der Vermittlung von Bildung und Wissen stellt Oliver Goldsmith die Lektüre von Büchern den Predigten der Pfarrer seiner Zeit gegenüber. Meiner Meinung nach schätzt er die Qualität der Unterweisung durch ein Buch deutlich höher ein.

Vielseitigkeit und Tiefgründigkeit von Büchern

Das liegt wahrscheinlich daran, dass man in Büchern umfangreiche Problemfelder und Sachverhalte tiefgründig und vielseitig darstellen kann. Der Leser wird aufgeklärt im besten Sinne des Wortes und gelangt zu einem eigenen Urteil. Predigten verfolgten dagegen eher eine einseitige, die Positionen der Kirche stützende Richtung.

Der Gedanke, dass Bücher wegen ihres Umfangs und der Möglichkeit einer tief gehenden Auseinandersetzung mit dem jeweiligen Thema ihre Leser in besonderer Weise bilden, ist auch heute bedeutsam und macht Bücher unverzichtbar.

Auf Empfehlung meines älteren Bruders habe ich vor kurzem ein Buch gelesen, in dem die Entwicklung unseres Weltalls erklärt wird. Ich kann mir nicht vorstellen, dass ein anderes Medium als das Buch in der Lage wäre, derartige komplizierte Informationen anschaulich und nachvollziehbar zu vermitteln. In diesem Zusammenhang scheint mir auch interessant, dass im Handel umfangreiche Literatur in Buchform über Computersoftware angeboten wird.

Zusammenfassend komme ich zu dem Urteil, dass das Buch wie schon seit mehreren Jahrhunderten ein wichtiges Informationsmittel darstellt. Es wäre sonst auch nicht erklärbar, dass es in fast jeder Stadt eine öffentliche Bibliothek und Buchhandlungen gibt. Selbst über das Internet werden Bücher erfolgreich vertrieben. Das Buch hat aber insgesamt an Bedeutung verloren, weil Fernsehen und Internet nahezu unbegrenzt verfügbar sind. Oft richtet sich die Auswahl des geeigneten Mediums nach dem Zweck, für den man die Informationen benötigt. Bücher werden auch in Zukunft nicht generell ersetzt werden. Aus meiner Sicht ist es wichtig, dass man schriftlich dargestellte Informationen für eigene Tätigkeiten erschließen und verwenden kann. Ob die Buchstaben auf einer Buchseite oder von einem Bildschirm gelesen werden, ist dagegen zweitrangig.

Schluss
Zusammenfassung, eigene Position:

Das Buch hat als Informationsmedium an Bedeutung verloren, bleibt aber unersetzbar

Theodor Fontane (1819–1898):
Herr von Ribbeck auf Ribbeck[1] im Havelland (1889)

Herr von Ribbeck auf Ribbeck im Havelland,
Ein Birnbaum in seinem Garten stand,
Und kam die goldene Herbsteszeit
Und die Birnen leuchteten weit und breit,
Da stopfte, wenn's Mittag vom Turme scholl,
Der von Ribbeck sich beide Taschen voll,
Und kam in Pantinen ein Junge daher,
So rief er: „Junge, wiste 'ne Beer?"
Und kam ein Mädel, so rief er: „Lütt Dirn,
Kumm man röwer, ick hebb 'ne Birn[2]."

So ging es viel Jahre, bis lobesam[3]
Der von Ribbeck auf Ribbeck zu sterben kam.
Er fühlte sein Ende. 's war Herbsteszeit,
Wieder lachten die Birnen weit und breit,
Da sagte von Ribbeck: „Ich scheide nun ab.
Legt mir eine Birne mit ins Grab."
Und drei Tage drauf, aus dem Doppeldachhaus,
Trugen von Ribbeck sie hinaus,
Alle Bauern und Büdner mit Feiergesicht
Sangen „Jesus meine Zuversicht",
Und die Kinder klagten, das Herze schwer:
„He is dod nu[4]. Wer giwt uns nu 'ne Beer?"

So klagten die Kinder. Das war nicht recht,
Ach, sie kannten den alten Ribbeck schlecht,
Der neue freilich, der knausert und spart,
Hält Park und Birnbaum strenge verwahrt.
Aber der alte, vorahnend schon
Und voll Misstrauen gegen den eigenen Sohn,
Der wusste genau, was damals er tat,
Als um eine Birn' ins Grab er bat,
Und im dritten Jahr, aus dem stillen Haus
Ein Birnbaumsprössling sprosst heraus.

Und die Jahre gehen wohl auf und ab,
Längst wölbt sich ein Birnbaum über dem Grab,
Und in der goldenen Herbsteszeit
Leuchtet's wieder weit und breit.
Und kommt ein Jung' übern Kirchhof her,
So flüstert's im Baume: „Wist 'ne Beer?“
Und kommt ein Mädel, so flüstert's: „Lütt Dirn,
Kumm man röwer, ich gew di 'ne Birn.“

So spendet Segen noch immer die Hand
Des von Ribbeck auf Ribbeck im Havelland.

Quelle: *Deutsche Lyrik von Luther bis Rilke.*
Digitale Bibliothek. Bd. 75.
Berlin 2002, S. 27940 f.

Erläuterungen:
1 Dorf mit Gutsbesitz westlich von Berlin
2 „Mädchen, komm her, ich habe eine Birne für dich.“
3 tüchtig, schließlich
4 „Jetzt ist er tot.“

Arbeitsaufträge

1. Schreiben Sie eine knappe Zusammenfassung des Balladeninhalts.
2. Stellen Sie sich vor, dass eines der Kinder Schriftsteller geworden ist und Jahrzehnte später seine Lebenserinnerungen aufschreibt. Gestalten Sie einen Ausschnitt aus diesen Lebenserinnerungen, der sich auf die Kindheit im Dorf und auf den alten Herrn von Ribbeck bezieht.

Lösungsvorschläge

Arbeitsauftrag 1

Der Arbeitsauftrag bei dieser Übungsaufgabe zur gestaltenden Interpretation ist zweigeteilt. Sie sollten die beiden Lösungen in je einem eigenständigen Aufsatzteil ausführen. Die erste Teilaufgabe, die Inhaltszusammenfassung der Ballade, lösen Sie, indem Sie die wesentlichen Handlungselemente (die Freigebigkeit des alten Ribbeck; der Geiz seines Sohnes; der Tod des alten Ribbeck; der Birnbaum auf dem Grab) und Figuren (der alte Ribbeck und sein Sohn; die Dorfkinder) beschreiben. Eine Analyse der lyrischen Situation und der künstlerischen Gestaltungsmittel ist nicht erforderlich.

Zusammenfassung des Balladeninhalts

Theodor Fontanes Ballade *Herr von Ribbeck auf Ribbeck im Havelland* handelt von einem ungewöhnlichen adligen Gutsbesitzer. Wenn im Herbst die Birnbäume in seinem Garten reiche Frucht tragen, dann stopft er sich alle Taschen damit voll. Zur Mittagszeit geht er zielgerichtet ins Dorf, spricht arme Bauernkinder an und schenkt Ihnen die Birnen. Sein Sohn und Nachfolger ist dagegen im Dorf als geizig und engherzig bekannt. Als schließlich der alte Gutsherr stirbt, bestätigen sich die Befürchtungen der Kinder zunächst, sie bekommen keine Birnen mehr geschenkt. Auch der Schlosspark mit den Birnbäumen wird nun verschlossen. Der alte Herr von Ribbeck hatte sich aber vorausschauend eine Birne mit in sein Grab legen lassen. Nach drei Jahren geht dort auf dem Grabhügel ein neuer Birnbaum auf und wächst heran. Da der Friedhof für alle Dorfbewohner frei zugänglich ist, können die Kinder zur Herbstzeit wieder Birnen genießen. Dabei denken sie gern an den verstorbenen alten Herrn zurück.

Arbeitsauftrag 2

Die zweite Teilaufgabe, die eigentliche Gestaltungsaufgabe, ist der wesentlich anspruchsvollere Aufsatzteil. Sie sollen das Geschehen aus der Sichtweise eines der beteiligten Kinder wiedergeben. Dessen Abstand zur Handlung der Ballade ist sehr groß, weil Lebenserinnerungen (Memoiren) als Textsorte gefordert sind. Die Aufgabe gibt vor, dass eines der Kinder Schriftsteller geworden ist und Jahrzehnte nach dem Geschehen seine Erinnerungen niederschreibt. Damit geht einher, dass das Verhalten der Figuren bewertet werden muss. Die Darstellungen müssen gut gegliedert und weitgehend hochsprachlich formuliert sein. Sie können Vorstellungen zur Familie und zur Kindheit des Schriftstellers erfinden und in Ihren Aufsatz einbeziehen. Es dürfen aber keine Widersprüche zum Text des Gedichts auftreten.

Kinderjahre in Ribbeck — Überschrift

Familiensituation

Meine gesamte Kindheit verbrachte ich in dem kleinen Dorfe Ribbeck im Havelland einige Meilen westlich von Berlin. Vater und Mutter waren arme Landarbeiter. Ihr spärliches Einkommen erwarben Sie durch schwere Feldarbeit auf dem Gut Ribbeck. Zu unserem kleinen Haus gehörte ein Garten, in dem meine Eltern vor allem Kartoffeln, Rüben und verschiedenes Gemüse für die eigene Winterversorgung anbauten. Für Obstbäume war kein Platz, diese hätten wohl auch zu viel Licht von den Beeten weggenommen.

Lebenssituation der Kinder

Mein Bruder und meine beiden Schwestern mussten häufig bei der Haus- und Gartenarbeit helfen. Zur Erntezeit halfen wir Mutter und Vater auf den Feldern des Gutes, weswegen in den Sommermonaten der Unterricht in unserer Dorfschule ausfiel. Dort lernten mehr als 50 Kinder im Alter zwischen sechs und vierzehn Jahren. Die meisten meiner Kameraden hatten wie ich keine ledernen Schuhe, dafür trugen wir im Herbst und Winter Holzpantinen, im Sommer gingen wir barfuß.

Die Dorfmitte

Die Schule mit nur einem Unterrichtsraum und der Lehrerwohnung im Obergeschoss lag in der Mitte des Dorfes. Unmittelbar gegenüber sah man den Friedhof mit seiner Mauer, in dessen Mitte die Kirche. Eine weitere, viel dickere, höhere und breitere Mauer umgab den Schlosspark, das große Dach des Schlosses ragte steil nach oben.

Die Schlossbewohner und der junge Herr

Den adligen Damen und Herren aus dem Schloss in ihrer vornehmen Kleidung gingen wir meist aus dem Weg. Besonders war der junge Herr von Ribbeck gefürchtet, auch unser Vater schimpfte beim Abendessen viel auf ihn. Öfter zog er Beträge von dem geringen Tagelohn ab, nur weil ein Arbeiter wenige Minuten zu spät nach der Pause zur Arbeit zurückkehrte oder weil einem anderen ein Hackenstiel zerbrochen war. Das Mittagessen, ein Bestandteil des Lohnes, war so knapp, dass man bereits nach zwei Stunden wieder Hunger hatte.

Der alte Herr von Ribbeck

Ein ganz anderer Mensch war der alte Herr von Ribbeck, der Vater des Geizhalses. Jeden Tag spazierte er nach dem Mittagsgeläut vom Schloss über den Friedhof zur Schule. Dabei begegnete er uns auf dem Weg nach Hause. Er sprach als einziger Schlossbewohner unsere plattdeutsche Muttersprache. Mit dem Pfarrer und mit dem Lehrer redete er aber nicht so, sondern in einem etwas komisch klingenden Hochdeutsch. In seinen vielen tiefen Taschen hatte er auch immer irgendwelche Leckerbissen, ein paar Kekse, Bonbons oder anderes Naschwerk. Diese verteilte er freigebig und regelmäßig an uns Kinder. In der Herbstzeit steckten seine Taschen voller Obst aus dem Schlossgarten. Obst war für uns ein sehr seltener Genuss, weil Äpfel und Birnen gut auf den Märkten in Berlin und Potsdam verkauft werden konnten. Besonders süß und saftig schmeckten die großen, gelben Birnen, die nur im Schlosspark wuchsen.

Der Tod des alten Ribbeck

An einem Herbstag, wir freuten uns schon alle auf die Birnen, ging im Dorf das Gerücht um, dass der alte Gutsherr im Sterben liege. Drei Tage später trug man seinen Sarg zum Totengottesdienst vom Schloss durch den Park zur Kirche. Die Bauern und armen Leute waren alle gekommen, und der Choral „Jesus meine Zuversicht“ schallte durch den Raum. Mein Vater sang so laut wie nie und am Abendbrottisch wurde davon gesprochen, dass der junge von Ribbeck jetzt noch geiziger und herzloser auf dem Gutshof schalten und walten würde. So kam es auch. Für uns Kinder gab es jetzt kein Naschwerk mehr, keine Äpfel und keine gelben, süßen Birnen.

Der Birnbaum auf dem Grab

Wenn ich, was öfter geschah, mich um die Gräber meiner Großeltern auf dem Friedhof kümmern sollte und allein dorthin ging, dann lief ich einen kleinen Umweg zum Grab des alten Ribbeck. In mir kamen dann die Erinnerungen an die freundlichen Gespräche und an die kleinen Gaben hoch. Im dritten Jahr nach dem Tod sah ich zum ersten Mal den jungen Baum auf dem Grabhügel. Ich ging näher heran und erkannte an den Blättern, dass es ein Birnbaum sein musste. Nach zwei weiteren Jahren trug er gelbe Früchte. Es waren dieselben großen und saftigen Birnen, mit denen uns einst der Herr von Ribbeck beschenkt hatte. Der Baum steht nun schon seit mehr als fünfzig Jahren auf dem Grab. In jedem Jahr trägt er so viele Früchte, dass alle Jungen und Mädchen im Dorf genug davon bekommen, wenn sie nur über den Friedhof gehen.

Für mich ist dieser geheimnisvolle Baum ein kleines Wunder Gottes. Vielleicht hat aber auch der alte Ribbeck seinem knauserigen Sohn ein Schnippchen geschlagen.

Bewertung des Geschehens

Markenklamotten nur unter der Gürtellinie
Von Christian Werner

Vor fünf Jahren wurde an der Haupt- und Realschule Hamburg-Sinstorf einheitliche Schulkleidung eingeführt. Heute trägt dort fast jeder Schüler blau-weiße Oberteile, bauchfreie Tops sind passé. Hamburg will nun als erstes Bundesland alle Schulen uniform einkleiden.

Die Einheitlichkeit fällt erst auf den zweiten Blick auf. Denn fast jeder der 30 Schüler der Klasse R9a an der Haupt- und Realschule Hamburg-Sinstorf trägt ein anderes Kleidungsstück. Die Oberteile sind aber einheitlich dunkelblau und weiß, uniformiert wirkt das nicht. „Man gewöhnt sich schnell an die optische Ruhe", sagt Lehrerin Karin Brose und blickt zufrieden über die Bankreihen. Vor fünf Jahren führten sie und eine Eltern-Initiative Schulkleidung in Sinstorf ein, als freiwilliges Angebot.

Heute tragen etwa 350 der insgesamt 400 Schüler jeden Tag eines der 25 Kleidungsstücke aus der Sinstorf-Kollektion. Nur die zehnten Klassen wollen sich nicht so recht ankleiden lassen. „Weil sie es nicht von Anfang an gewöhnt sind", erklärt Brose. Sie sei in ihrer Klassenstufe fast die einzige, die Schulkleidung trage, erzählt Lisa Reinhardt aus der zehnten Klasse: „Die anderen fühlen sich dafür schon zu alt und zu reif." Sie selbst finde, dass die Schulkleidung gut aussehe. [...]

Es werde keiner gezwungen, die blau-weißen Oberteile zu tragen, betont Brose. Gespräche mit Ausreißern in Sachen Mode ersetzen laut der Lehrerin mögliche Verordnungen. Doch die allermeisten Eltern unterstützen die Zweifarbigkeit – und auch die meisten Schüler. Schulleiter Klaus Damian berichtet, dass sich einige Schüler zunächst stolz abgrenzten und weiter ihre Alltagskleidung trugen. Nach wenigen Tagen wechselten sie dann stillschweigend zur Schulkleidung. [...]

Das Wort Uniform hat Lehrerin Brose von Anfang an gemieden. Ihr geht es nicht um Gleichmacherei – ein Vorwurf, den sie öfter hört – sie will wieder Ordnung und Disziplin in die Schule bringen. Und die funktioniert für sie nur nach festen Regeln. „Schulkleidung", so Brose, „ist dabei nur ein Baustein." [...]

Günstige Preise für ärmere Familien

[…] Die Kombination aus dunkelblau und weiß setzte sich durch. Und selbst manche Lehrer fügen sich in den Einheitslook ein. Das eingestickte Logo prangt jetzt unscheinbar auf den Oberteilen. Die Kollektion aus 25 Teilen reicht vom einfachen T-Shirt über das Polo-Hemd bis zur Strickjacke, bei einer Preisspanne von 7 bis 25 Euro. Ihre Freunde bemerken häufig nicht, dass sie Schulkleidung trage, sagt Christina Heinz, 16 Jahre. „Sie fällt eben nicht auf. Wie normale Freizeitklamotten.“ […]

Die günstigen Preise sollen vor allem Kinder aus ärmeren Familien helfen, sich besser zu integrieren. Karin Brose würde sich zusätzlich noch Kleider und Hosen im ihrem Angebot wünschen, doch die sind schwer zu bestellen. „Und wir wollen ja keine Uniformen.“ So dürfen die Schüler in Sinstorf unterhalb der Gürtellinie weiterhin teure Prestige-Textilien tragen. […]

Quelle: Spiegel Online, 14. 06. 2005 (gekürzt und leicht bearbeitet).
http://www.spiegel.de/schulspiegel/0,1518,359628,00.html (6. 5. 2007).

Arbeitsaufträge

1. Stellen Sie sich vor, dass im Schülerrat Ihrer Schule die Einführung einer Schulkleidung diskutiert wurde. Schreiben Sie einen Artikel für die Schülerzeitung, in dem Sie über das Projekt in Hamburg-Sintsdorf und die Schülerratssitzung informieren. Bringen Sie dabei Ihren eigenen Standpunkt ein.

2. Begründen Sie die Formulierung des Titels für Ihren Artikel und die Verwendung einiger sprachlicher Gestaltungsmittel.

Lösungsvorschläge

Arbeitsauftrag 1

Für diese Übungsaufgabe zum adressatenbezogenen Schreiben sollen Sie einen zweigeteilten Arbeitsauftrag bearbeiten. Sie müssen also zwei voneinander abgegrenzte und nummerierte Aufsatzteile erarbeiten. Die Lösung der ersten Teilaufgabe stellt dabei den wesentlich bedeutsameren Aufsatzteil dar, dessen Qualität entscheidend für die Erteilung der Note ist. Bei der Gestaltung des Schülerzeitungsartikels müssen Sie wesentliche formale und sprachliche Eigenschaften dieser Textart beachten. Das können ein wirkungsvoller und ansprechender Titel, ein Untertitel, Zwischenüberschriften, eventuell ein provozierender Textanfang, das direkte Ansprechen der Leser, die Vermischung von Hochsprache mit Elementen von Jugendsprache oder auch die Verwendung anschaulicher Beispiele sein. Zur Information Ihrer Mitschüler über das Projekt in Hamburg-Sintsdorf wählen Sie geeignete Informationen aus dem Ausgangstext aus, vermeiden dabei aber das wörtliche Übernehmen von Sätzen oder längeren Satzteilen. Die Aussagen zur Schülerratssitzung müssen Sie selbst entwickeln, es dürfen allerdings keine Widersprüche zum Vorlagetext auftreten. Ihren eigenen Standpunkt zum Problem (Befürwortung oder Ablehnung einer Schülerkleidung an der eigenen Schule) sollten Sie in Ihrem Artikel eindeutig formulieren und auch begründen.

Bald nur noch grüne Pullis mit Schullogo im Unterricht?
Schülerrat diskutiert Einführung einer Schulkleidung

Titel, Untertitel, Autor

Von Markus Fritsche, Klasse 10 b

Einleitung mit Beispielen

Vielleicht hat ja der eine oder andere von euch das Wort Schuluniform schon einmal gehört und kann sich dabei an einprägsame Bilder erinnern: Zum Unterricht marschierende Jungen mit dunkelblauen Anzügen, einheitlich roten Krawatten und schwarzen Halbschuhen, mit einer Ledermappe unter dem Arm, aufgenommen in einer englischen Eliteschule. Oder japanische Mädchen, die mit schwarzen Kostümen über gelben Rollkragenpullovern und Lackschuhen mit Silberschnalle über den Spielplatz ihrer Grundschule toben. Keine Angst, so schlimm wird es bei uns nicht kommen, aber in der Schülerratssitzung der vergangenen Woche haben wir tatsächlich über unsere vielleicht bald einheitliche Schulkleidung diskutiert.

Schulkleidung in Deutschland – ein Alptraum?

Keineswegs. Im Internet fand ich eine sehr informative Website der Haupt- und Realschule in Hamburg-Sinstorf. Dort tragen viele Schüler bereits, auf freiwilliger Basis, seit dem Jahre 2000 einheitliche Klamotten. Mehr als 80 % aller Schüler beteiligen sich an dieser Aktion. Die Situation dort unterscheidet sich allerdings deutlich von den oben beschriebenen englischen oder japanischen Schuluniformen. Schulkleidung in Hamburg geht nur bis zur Gürtellinie. Von da an abwärts hat immer noch jeder seine individuellen Jeans an, egal, ob Markenteil oder No-Name-Produkt. Die erlaubten Oberteile ermöglichen auch eine gewisse Abwechslung, so gibt es z. B. T-Shirts, Polohemden und Strickjacken. Farblich herrscht dagegen schon größere Einheitlichkeit. Als Farben sind nur weiß und dunkelblau in unterschiedlichen Kombinationen möglich. Alle Oberteile sind mit dem eingestickten Schullogo gekennzeichnet. Das scheint aber ziemlich unauffällig zu wirken, denn eine der Schülerinnen erklärte, dass ihre Freunde außerhalb der Schule kaum bemerken, dass sie Schulkleidung trägt: „Sie (die Schulkleidung, MF) fällt eben nicht auf. Wie normale Freizeitklamotten."

Informationsteil 1: Schulkleidung in Hamburg

Nun kann sich sicher jeder von euch vorstellen, dass es einen ganz schönen Aufwand macht, solche Kleidung zu beschaffen und einzuführen. Dafür muss es also gute Gründe geben. Die Verantwortlichen in Hamburg, der Schulleiter Klaus Damian und die Lehrerin Karin Brose, begründen das etwa so:

1. Schule funktioniert nur gut nach festen Regeln, Ordnung und Disziplin müssen eingehalten werden. Dabei ist die Einheitskleidung ein Baustein.
2. Die optische Ruhe, an die man sich schnell gewöhnt, wird als Vorteil empfunden. Bauchfreie Tops sind dann kein Diskussionsgrund mehr.
3. Die günstigen Preise von 7 bis 25 Euro pro Teil erleichtern die Integration von Kindern aus ärmeren Familien.
4. Die überwiegende Mehrzahl der Schüler und Eltern akzeptiert die Schulkleidung und unterstützt die Einführung sogar.

Was sagt der Schülerrat dazu?

Diese wichtige Frage ist gar nicht so einfach zu beantworten, es ging in der Diskussion ziemlich heiß her und sowohl die Befürworter als auch die Gegner einer einheitlichen Schulkleidung

Informationsteil 2: Schülerratsdiskussion

waren eifrig bei der Sache. Unsere Beratungslehrerin, Frau Seidel, informierte alle Schülersprecher mit einem sachlichen Vortrag. Man merkte aber schon, dass sie sich eine Schulkleidung an unserem Gymnasium vorstellen könnte. Die Befürworter meinten dann, dass wir an einer sehr schönen Schule mit angenehmem Schulklima lernen würden und dass man dieses „Sich-Wohlfühlen" auch durch Tragen von T-Shirts mit Logo ausdrücken könnte. Außerdem wäre dann Schluss damit, dass einige Angeber ihre Markenklamotten als Statussymbol über die Flure tragen. Die Gegenfraktion, zahlenmäßig leicht überlegen, hatte meiner Meinung nach nicht so gute Argumente parat. Schulkleidung sei gleichbedeutend mit Schuluniform, und eine solche Einheitlichkeit würde niemand brauchen. Auch sei mit knappen Tops und witzigen, nicht einheitlichen Shirts und Pullis auch ein ziemlicher Spaßfaktor verbunden. Eine Abstimmung über das Problem wurde abgelehnt, und ehrlich gesagt, das finde ich auch gut so.

Wie soll es weitergehen?

Schlussteil: Weiteres Vorgehen und Standpunkt des Autors

Die Schülerratsmitglieder waren sich in dem Punkt einig, dass man zunächst in allen Klassen über die Schulkleidung diskutieren sollte. Das wird in den nächsten beiden Monaten gemacht. Auch im Schaukasten des Schülerrats habt ihr die Möglichkeit, euch dazu zu äußern. Dieses Vorgehen finde ich sehr in Ordnung, weil auf diese Weise vielleicht ein genaueres Bild über die Meinungen zum Thema „Einheitliche Kleidung für alle Schüler" entsteht. Wenn nach dieser Diskussion unter uns Schülern und unter den Eltern eine deutliche Mehrheit für die Einführung einer Schulkleidung stimmt, dann könnte man es ja einmal probieren, natürlich ebenfalls wie in Hamburg auf freiwilliger Basis. Es muss ja auch farblich nicht unbedingt ein Blau-Weiß-Marine-Look sein. Für mich spielen dabei die Hamburger Argumente gar keine entscheidende Rolle, denn wir brauchen keine Schulkleidung als „Baustein für Regeln zu Disziplin und Ordnung". Aber dass man mit einer bestimmten Kleidung auch Zugehörigkeit zeigen kann, und dass auch schon auf dem Schulweg, finde ich gut. Gestalterisch könnten zum Beispiel die neuen T-Shirts unseres Volleyballteams ein Ausgangspunkt sein. Also, Leute, auf in die Klassendiskussionen!

Arbeitsauftrag 2

Die zweite Teilaufgabe fordert von Ihnen, dass Sie einige Gestaltungsentscheidungen begründen und dadurch nachweisen, dass Sie bei einzelnen Formulierungen aus verschiedenen Varianten ausgewählt und damit über die wirkungsvollste Möglichkeit nachgedacht haben. Sie sollten bei den Begründungen v. a. von den möglichen Lesern, also in diesem Falle von Ihren Mitschülern ausgehen, die Sie ansprechen und für Ihre Ansichten und Ziele gewinnen wollen.

Haupt- und Untertitel

Bei der Formulierung des Titels meines Artikels habe ich mich für die Möglichkeit Haupttitel („Bald nur noch grüne Pullis mit Schullogo im Unterricht?) plus Untertitel („Schülerrat diskutiert Einführung einer Schulkleidung") entschieden. Beide Titel sind Ellipsen. Der Haupttitel enthält kein Prädikat, im Untertitel fehlen die bestimmten Artikel zu „Schülerrat" und „Einführung". Solche Formulierungen sind für Schlagzeilen üblich und dienen dazu, dass der Leser das Thema des Textes schnell erkennen kann. Außerdem habe ich versucht, die sachliche Informationsebene (Untertitel) mit dem Ansprechen von Gefühlen (Haupttitel) zu verbinden, wozu auch die Gestaltung als Frage beiträgt. Ich will damit erreichen, dass möglichst viele Mitschüler den Artikel auch wirklich lesen, weil sie durch Haupt- und Untertitel neugierig auf den weiteren Inhalt gemacht werden.

Zwischen-überschriften

Durch die drei Zwischenüberschriften gebe ich meinem Text eine überschaubare und gut gegliederte äußere Form, so werden die einzelnen Gedankenschritte und Themenbereiche sofort sichtbar: Information über das Projekt in Hamburg; Diskussionsrunde im Schülerrat; Vorgehensweise in der nächsten Zeit.

Sachebene und Gefühlsebene

Bei den einzelnen Gestaltungsentscheidungen habe ich versucht, darauf zu achten, dass sowohl die sachliche Sicht auf das Thema als auch das Eingehen auf die Leser der Schülerzeitung deutlich werden. Sachlich sind die durchnummerierten Argumente der Verantwortlichen in Hamburg formuliert. Auch die verwendeten Konjunktivformen bei der Beschreibung der Diskussion im Schülerrat sollen versachlichend wirken, da mit diesem sprachlichen Mittel die Redeinhalte neutral und etwas distanziert wiedergegeben werden. Die beiden Beispiele in der Einleitung und auch umgangssprachliche Wörter wie „No-Name-Produkt" oder „Markenklamotten" sowie die direkte Leseransprache („Leute") sollen dazu beitragen, bei meinen Mitschülern eine aufgeschlossene Stimmung gegenüber dem Thema Schulkleidung zu erzeugen.

Material 1

Analphabeten auf der Buchmesse

Wie Blinde im Kino

In Frankfurt waren sie schon vor Jahren. Aber dieses Mal werden sie zum ersten Mal nicht mehr belächelt. In einer eigenen Kampagne nimmt sich die Messe des Themas Analphabetismus an.

VON JUDITH KESSLER

Horst Uhrig nennt es „Schreibangst“. Schreibangst, das war das Zittern und die Schweißausbrüche, wenn er einen einfachen Satz zu schreiben hatte. „So muss sich bei anderen Menschen Flugangst anfühlen.“ Uhrig ist 45 Jahre alt, seine Unterschrift könnte auch von einem Grundschüler stammen. Buchstabe für Buchstabe malt er auf das Blatt Papier – in Schreibschrift. An einige Buchstaben konnte er sich dann auch erinnern, als er vor 15 Jahren, mit dreißig, Schreiben lernte. Vier Millionen funktionale Analphabeten leben nach einer Schätzung des Bundesverbandes Alphabetisierung in Deutschland. Funktionale Analphabeten haben zwar eine Schule besucht, dort aber nie Lesen und Schreiben gelernt. Sie malen Wörter von der Tafel ab, sind selbst aber nicht in der Lage, Buchstaben sinnvoll aneinanderzureihen. Später als Erwachsene schummeln sie sich durchs Leben.

Buchmesse startet Alphabetisierungskampagne

Doch das wird immer schwieriger. Selbst einfache Berufe kommen nicht mehr ohne Computer aus. Wer sich früher als Analphabet mit Jobs als Lagerarbeiter oder am Fließband durchschlagen konnte, hat heute kaum noch eine Chance. Seit Jahren kommt Horst Uhrig mit dem Verein für Alphabetisierung nach Frankfurt, um auf der Buchmesse auf die Situation der Analphabeten aufmerksam zu machen. Anfangs liefen dessen Mitglieder mit Plakaten durch die Hallen und wurden belächelt. Analphabeten auf der Buchmesse? Da ist ja, wie wenn Blinde ins Kino gehen! Dieses Jahr nimmt sich die Buchmesse zum ersten Mal des Themas an. Netzwerke sollen geschaffen, Ideen und Konzepte ausgetauscht werden. Und Horst Uhrig steht an einem kleinen Infostand vor Halle 3 und schildert den Alltag eines Analphabeten.

Im Land der Dichter und Denker

„Wichtige Wörter fotografiert man im Geiste ab“, erklärt Uhrig. Zu Hause am Küchentisch zeichnete er sie dann nach. In fremden Städten bat er

Passanten um Hilfe. Peinlich war ihm das nicht. Viele seiner Bekannten sind Analphabeten. Kritisch wurde es auf dem Arbeitsamt. Er konnte keine Formulare ausfüllen, von den Beamten war keine Hilfe zu erwarten, die schickten ihn oft einfach weg. „In Deutschland herrscht eine unglaubliche Arroganz und Ignoranz gegenüber Analphabeten“, sagt Elfriede Haller vom Bundesverband Alphabetisierung. „Man ruht sich auf dem Ruf des Landes der Dichter und Denker aus.“ Wer nicht Lesen oder Schreiben könne, werde als dumm abgestempelt. Horst Uhrig hangelte sich von Job zu Job, musste fast überall die Drecksarbeit machen, mehr traute man ihm nicht zu. „Viele sind frustriert, wenn sie nicht sofort das schaffen, was sie sich vorgenommen haben“, erläutert Haller. Unter *www.ich-will-schreiben-lernen.de* können Analphabeten anonym im Internet lesen und schreiben lernen. Sie werden dabei von Online-Tutoren begleitet. Etwa 13 000 Schüler nutzten bislang das Angebot.

Fibeln sind Mangelware

„Die Kurse in den Volkshochschulen sind oft kleine Selbsthilfegruppen“, sagt Elfriede Haller, die selbst drei Klassen unterrichtet. Es gehe nicht nur darum, das Alphabet zu üben. Viel wichtiger sei für die Schüler, die eigene Biografie aufzuarbeiten. „Oft sind es traumatische Erlebnisse in den ersten zwei Schuljahren, die das Lernen verhindern.“ Horst Uhrig etwa wurde von Heim zu Heim gereicht. Als er mit sechs Jahren zur Mutter zurückkehrt, ist er auf dem Niveau eines Vierjährigen. Elfriede Haller lässt ihre Schüler ihre Lebensläufe aufschreiben. Die Texte dienen im Unterricht als Lehrmaterial – mangels Alternativen. Altersgemäße Lehrbücher sind Mangelware. „Man kann einem Erwachsenen schlecht eine Fibel für Erstklässler vorlegen.“ „Ich habe immer Zeitungsartikel abgeschrieben, um zu üben“, sagt Uhrig. Seitdem er lesen und schreiben kann, habe sich sein Leben völlig verändert. Als Analphabet sei er wie mit Scheuklappen durch die Welt gegangen. Wirklich sicher aber fühlt er sich auch heute noch nicht, sagt Uhrig. Mit der Hand schreibt er daher nur, wenn ihm niemand über die Schulter schaut. Denn manchmal kommt sie wieder – die Schreibangst.

Quelle: Onlineportal der Süddeutschen Zeitung (gekürzt und bearbeitet);
http://www.sueddeutsche.de/kultur/870/406647/text/
(Datum der Veröffentlichung: 5. 10. 2006; entnommen am 18. 4. 2010)

Material 2

Grafik des Bundesverbandes Alphabetisierung und Grundbildung e. V.

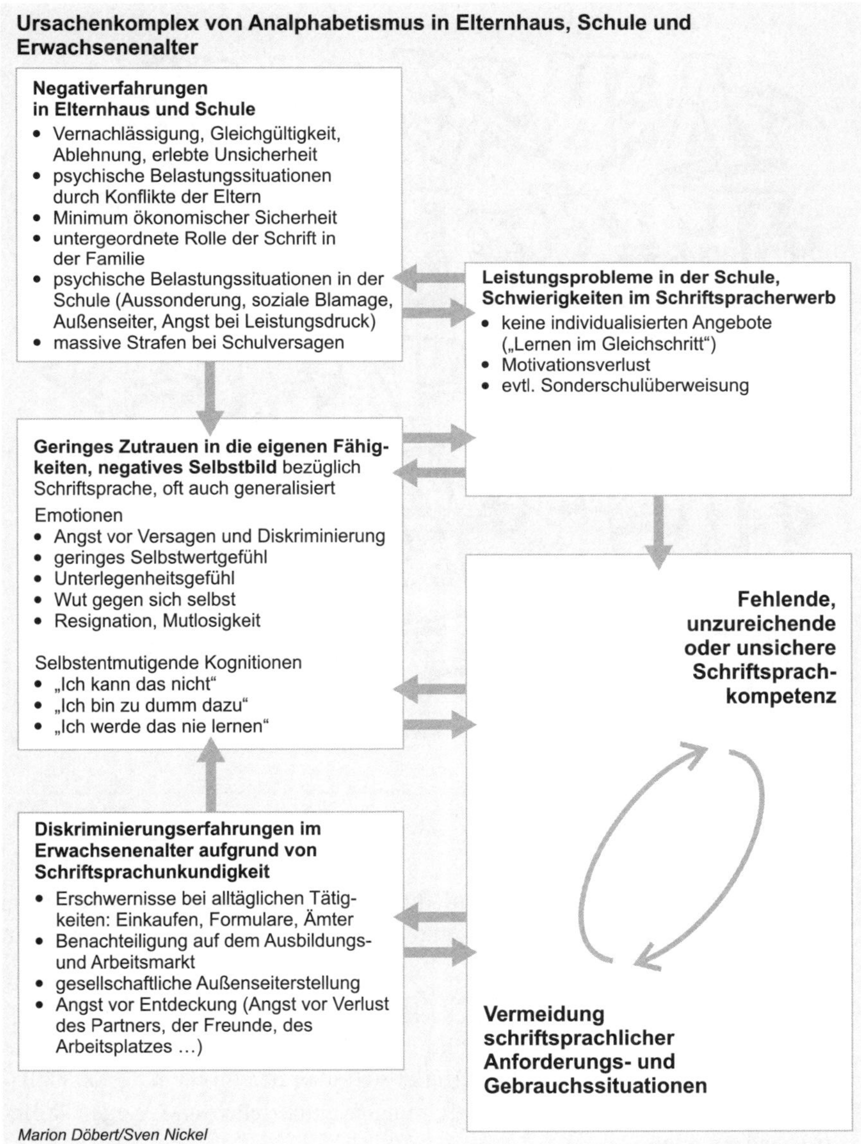

Quelle der Grafik: http://www.alphabetisierung.de/fileadmin/files/Dateien/Downloads_BV/Ursachen.pdf (entnommen 14. 4. 2010)

Material 3

Schwer lesbares Graffiti-Alphabet

Arbeitsaufträge

1. Formulieren Sie in Form von fünf durchnummerierten Sätzen wesentliche Aussagen zum Analphabetismus und zur Situation von Analphabeten in Deutschland.

2. Schreiben Sie eine Rede für Elfriede Haller vom Bundesverband Alphabetisierung, die diese vor Journalisten im Rahmen einer Pressekonferenz auf der Frankfurter Buchmesse hält. Frau Haller will über das Problem des Analphabetismus informieren, konkrete Erfahrungen einbeziehen und Wege für Betroffene aufzeigen.

Lösungsvorschläge

Arbeitsauftrag 1

Im Rahmen des ersten Arbeitsauftrages weisen Sie nach, dass Sie die wesentlichen Aussagen der Materialien zum Thema des Analphabetismus verstanden haben. Formal halten Sie sich genau an die Vorgaben: Fünf einzelne Sätze mit den Nummern eins bis fünf. Sie können sowohl einfache Hauptsätze als auch komplexer konstruierte Sätze formulieren. Die Aussagen der einzelnen Thesen sollen in dem Material vorhanden sein, Ergänzungen aus dem Allgemeinwissen sind möglich. Sie formulieren möglichst eigenständig, vermeiden es also, Passagen abzuschreiben. Achten Sie darauf, dass Sie sich auf die wirklich wichtigen Informationen konzentrieren und dass sich die Inhalte der einzelnen Sätze nicht überschneiden. Dies können Sie erreichen, indem Sie vorher die Themen der Sätze festlegen. Das Material 3 (Graffiti-Alphabet) ist für den ersten Arbeitsauftrag 1 nicht verwendbar.

1. In Deutschland gibt es etwa vier Millionen Analphabeten, was einem Anteil von etwa fünf Prozent an der Gesamtbevölkerung entspricht. *Anteil an der Bevölkerung*
2. Die meisten Analphabeten sind sogenannte funktionale Analphabeten, die zwar eine Schule besucht haben, aber trotzdem nicht lesen und schreiben können. *Funktionale Analphabeten*
3. Analphabeten vermeiden Situationen, in denen sie die Schriftsprache verwenden müssten, was zur weiteren Einschränkung der Fähigkeiten führt. *Vermeidungsstrategien*
4. Die beruflichen Möglichkeiten von Analphabeten sind stark eingeschränkt, weil viele Tätigkeiten nicht ohne die Fähigkeit zum Lesen und Schreiben ausgeübt werden können und weil Analphabeten als dumm abgestempelt werden. *Diskriminierung*
5. Für Analphabeten gibt es im Internet und in Volkshochschulen funktionierende Angebote zum Erlernen der Schriftsprache. *Hilfsmöglichkeiten*

Arbeitsauftrag 2

Die Teilaufgabe 2 stellt die eigentliche Schreibaufgabe dar und wird auch bei der Bewertung Ihrer Leistung in deutlich stärkerem Maße herangezogen. Damit Sie diese Aufgabe erfolgreich lösen können, müssen Sie sich über die kommunikative Situation von Frau Haller und über ihre möglichen Ziele klar sein: Frau Haller engagiert sich stark für die Situation von Analphabeten. Die auf der Frankfurter Buchmesse anwesenden Journalisten sind selbst gut gebildet, wissen aber vielleicht nur wenig über das Thema. Frau Haller muss also versuchen, die Anwesenden für das Thema des Analphabetismus zu sensibilisieren, damit sie es in Zeitungen oder in elektronischen Medien aufgreifen. Sie muss die Regeln für die Gestaltung einer Rede einhalten: Anrede und Schluss, Ansprechen der Zuhörer, gute Gliederung, Klarheit, Anschaulichkeit und emotionale Beteiligung. In der Aufgabenstellung werden Inhalte der Rede vorgegeben, diese Vorgaben können Sie als Gliederungshilfe nutzen. Die Sachinformationen gewinnen Sie aus den Materialien. Das Material 2 enthält die wesentlichen Aussagen zum Thema in Form einer Übersicht. Im Material 1 findet sich neben Sachaussagen auch das Beispiel des Herrn Uhrig. Material 3 kann eventuell als Einstieg verwendet werden.

Meine sehr geehrten Damen und Herren,

Anrede und Begrüßung

ich begrüße Sie alle recht herzlich auf der Frankfurter Buchmesse hier am Messestand des Bundesverbandes Alphabetisierung und freue mich sehr über Ihr zahlreiches Erscheinen. Buchmesse und Analphabetismus – diese beiden Begriffe scheinen einen nahezu unauflösbaren Gegensatz darzustellen, und dennoch passen sie besser zusammen als man denkt. *(Frau Haller verwendet einen Tageslichtprojektor und blendet eine Folie mit dem Material 3 ein.)*

Aufhänger der Rede und Hinführung

Sicher ist Ihnen auf dem Weg durch eine beliebige deutsche Stadt schon der eine oder andere Schriftzug eines Sprayers aufgefallen, den Sie trotz intensiven Bemühens nicht lesen konnten. Die Buchstaben waren so stark verändert oder verfremdet, dass sie nicht mehr sicher identifiziert werden konnten. In einer ähnlichen Situation befinden sich in Deutschland tagtäglich und rund um die Uhr mindestens fünf Prozent der erwachsenen Bevölkerung. In ihrem Lebensalltag nehmen sie Schrift zwar wahr, können aber keinen Sinn entnehmen. Die mehr als vier Millionen Betroffenen bezeichnet man als funktionale Analphabeten.

Sie werden jetzt sagen, dass das in Deutschland, im Land der Dichter und Denker, unmöglich ist, und dennoch entsprechen die Zahlen den Tatsachen. Analphabetismus ist eine sehr schwierige Situation, aus der sich die Menschen nur schwer ohne fremde Hilfe befreien können. Viele Betroffene verließen die Schule, ohne dass sie jemals richtig und sicher lesen und schreiben gelernt haben. Das Nicht-Lesen-Können wird häufig von negativen Erfahrungen mit der Schule und im Elternhaus begleitet. Man redet sich dann ein, zu dumm zu sein, zu dumm, um lesen und schreiben lernen zu können. Diese Situation ist für viele der Einstieg in einen fatalen Teufelskreis. Weil man Misserfolge nicht verkraften kann oder will, vermeidet man nach Möglichkeit Situationen, in denen man Lese- und Schreibfähigkeiten beweisen muss. Das funktioniert im Alltag oft erstaunlich gut. So kann man ein erkranktes Kind in der Schule fast immer telefonisch entschuldigen. Bankgeschäfte lässt man von Familienangehörigen erledigen. Je weniger man liest und schreibt, umso mehr gehen die ohnehin schon geringen Fähigkeiten verloren. Die Angst vor immer neuen Negativerlebnissen beschleunigt diesen Prozess. Probleme gibt es natürlich immer in der beruflichen Tätigkeit, weil heute kaum noch ein Job vorstellbar ist, den man ordnungsgemäß ohne Lesen und Schreiben bewältigen kann. Und wenn dies dann in die Arbeitslosigkeit mündet, verschärfen sich die Probleme noch, denn auf dem Arbeitsamt muss man Formulare ausfüllen können, wenn man Unterstützung benötigt.

Sachinformationen

Ich darf Ihnen Herrn Uhrig vorstellen, er ist 45 Jahre alt und unterstützt heute die Arbeit unseres Bundesverbandes. Als Herr Uhrig 30 war, gehörte er zum Heer der Analphabeten in Deutschland. Er hangelte sich jahrelang von Job zu Job und konnte überall nur die Drecksarbeiten verrichten. Auch heute noch zittert er, wenn er einen Satz schreiben muss und ihm dabei jemand über die Schulter blickt. Er weiß, dass seine Unterschrift wie die eines Grundschülers aussieht. Aber Herr Uhrig kann heute lesen und schreiben. Er hat es geschafft. Er war mutig. Er hat erkannt, dass es nie zu spät ist, die Schriftsprache zu erlernen. Und er hat sich helfen lassen.

Herr Uhrig als Beispiel

Wie diese Hilfe funktionieren kann, möchte ich Ihnen nun aus eigener Erfahrung berichten. Seit Jahren unterrichte ich an einer Volkshochschule Alphabetisierungskurse, ein Angebot, das es seit einigen Jahren fast flächendeckend in jeder Region unseres

Hilfsmöglichkeiten

Landes gibt und auch geben muss. In diesen Kursen geht es auch um das Lesenlernen, aber nicht nur. Viele unserer Schüler haben langjährige negative Erfahrungen der Ausgrenzung und der Angst hinter sich. Sie haben erlebt, wie man seine Defizite verstecken muss, um im Leben auch nur einigermaßen klar zu kommen, ohne Ausgrenzung und ohne Vorverurteilung. Sie hatten aber auch viel Mut, sich einzugestehen, dass es so nicht weitergehen kann. Geeignetes Lernmaterial gibt es kaum, weil ein Erwachsener nicht mit einer für Erstklässler bestimmten Fibel lernen kann. Ein erster Erfolg stellt sich zum Beispiel ein, wenn jemand einen Zeitungsartikel weitgehend fehlerfrei und mit viel Zeitaufwand abschreibt und dabei die Erinnerung an früher in der Schule gelernte Buchstaben wieder wach wird. Das Internetangebot unter *www.ich-will-schreiben-lernen.de* haben bisher schon 13 000 Menschen genutzt. Im Internet kann man als Analphabet anonym lernen und trotzdem die Hilfe und die Ratschläge von erfahrenen Tutoren in Anspruch nehmen.

Aufforderung zur Hilfe und Schluss

Abschließend möchte ich Sie einladen, unseren Messestand zu besuchen, mit Herrn Uhrig und mir Ihre Gedanken auszutauschen und die Ziele der Alphabetisierung nach Ihren Möglichkeiten zu unterstützen. Nicht lesen zu können ist keine Schande, aber es ist eine verpasste Chance. Ich danke Ihnen sehr herzlich für die Aufmerksamkeit.

Friedrich Schiller (1759–1805): Die Räuber (1781)

Der alte Graf von Moor aus dem Fränkischen ist Vater von zwei Söhnen.
Der ältere Sohn Karl befindet sich auf dem Weg zum väterlichen Schloss. Er hat in Leipzig studiert. Der rechtmäßige Erbfolger und Lieblingssohn des alten Grafen verstieß aus Idealismus und jugendlichem Leichtsinn gegen die Normen der Gesellschaft. Entschlossen, sein Leben wieder in konventionellere Bahnen zu lenken, teilte er dies seinem Vater brieflich mit. Karl erwartet, dass ihm sein Vater verzeiht und dass er ihm das schreibt.
Der jüngere Sohn Franz lebt am Hofe seines Vaters.
Das Drama beginnt damit, dass Franz seinem Vater einen Brief vorliest und kommentiert. Inhalt dieses Schreibens ist eine Darstellung von Abscheu erweckenden Schandtaten Karls. Franz behauptet, die Nachrichten kämen von ihrem Leipziger Korrespondenten.
An das Gespräch über diesen Brief schließt sich der vorliegende Textausschnitt an (Ende erste Szene/erster Akt).

Information zum Titel des Dramas:
Nachdem er den Brief seines Bruders Franz erhalten hat, sieht sich Karl verstoßen und ohne Perspektive. Er lehnt sich gegen die Verhältnisse auf, indem er zum Hauptmann einer Räuberbande wird.

Erster Akt. Erste Szene (Auszug)

[…]

FRANZ: Halt! noch ein Wort, Vater! Eure Entrüstung, fürchte ich, möchte Euch zu harte Worte in die Feder werfen, die ihm das Herz zerspalten würden. – Und dann – glaubt Ihr nicht, daß er das schon für Verzeihung nehmen werde, wenn ihr ihn noch eines eigenhändigen Schreibens wert haltet? Darum wird's besser sein, Ihr überlaßt das Schreiben mir.

DER ALTE MOOR: Tu das, mein Sohn. – Ach, es hätte mir doch das Herz gebrochen! – – Schreib ihm – –

FRANZ *(schnell)*: Dabei bleibt's also?

DER ALTE MOOR: Schreib ihm, daß ich tausend blutige Tränen, tausend schlaflose Nächte – aber bring meinen Sohn nicht zur Verzweiflung!

FRANZ: Wollt Ihr Euch nicht zu Bette legen, Vater? Es griff Euch hart an.

DER ALTE MOOR: Schreib ihm, daß die väterliche Brust – ich sage dir, bring meinen Sohn nicht zur Verzweiflung! *(Geht traurig ab.)*

FRANZ *(mit Lachen ihm nachsehend)*: Tröste dich, Alter, du wirst ihn nimmer an diese Brust drücken; der Weg dazu ist ihm verrammelt, wie der Himmel der Hölle. – Er war aus deinen Armen gerissen, eh du wußtest, daß du es wollen könntest. – Da müßt ich ein erbärmlicher Stümper sein, wenn ich's nicht einmal so weit gebracht hätte, einen Sohn vom Herzen des Vaters loszulösen, und wenn er mit ehernen[1] Banden daran geklammert wäre. Ich hab einen magischen Kreis von Flüchen um dich gezogen, den er nicht überspringen soll. – Glück zu, Franz! Weg ist das Schoßkind – der Wald ist heller. Ich muß diese Papiere vollends aufheben, wie leicht könnte jemand meine Handschrift kennen! *(Er liest die zerrissenen Briefstücke zusammen.)* – Und Gram wird auch den Alten bald fortschaffen – und ihr[2] muß ich diesen Karl aus dem Herzen reißen, wenn auch ihr halbes Leben dran hängenbleiben sollte.

Ich habe große Rechte, über die Natur ungehalten zu sein, und, bei meiner Ehre! ich will sie geltend machen. – Warum bin ich nicht der erste aus Mutterleib gekrochen? Warum nicht der einzige? Warum mußte sie mir diese Bürde von Häßlichkeit aufladen? gerade mir? Nicht anders, als ob sie bei meiner Geburt einen Rest gesetzt hätte. [...] Wirklich, ich glaube, sie hat von allen Menschensorten das Scheußliche auf einen Haufen geworfen und mich daraus gebacken. Mord und Tod! Wer hat ihr die Vollmacht gegeben, jenem dieses zu verleihen und mir vorzuenthalten? Könnte ihr jemand darum hofieren[3], eh er entstund? oder sie beleidigen, eh er selbst wurde? Warum ging sie so parteilich zu Werke?

Nein! Nein! Ich tu ihr unrecht. Gab sie uns doch Erfindungsgeist mit, setzte uns nackt und armselig ans Ufer dieses großen Ozeans W e l t. – Schwimme, wer schwimmen kann, und wer zu plump ist, geht unter! Sie gab mir nichts mit; wozu ich mich machen will, das ist nun meine Sache. Jeder hat gleiches Recht zum Größten und Kleinsten. Anspruch wird an Anspruch, Trieb an Trieb und Kraft an Kraft zernichtet. Das Recht wohnet beim Überwältiger, und die Schranken unserer Kraft sind unsere Gesetze.

[...]

Aus: Friedrich Schiller: Die Räuber. In: Schillers Werke in fünf Bänden. Berlin und Weimar: Aufbau-Verlag 1965, S. 18 f.

Erläuterungen:

1 aus Eisen
2 Cousine Amalia, die Karl liebt
3 Dienstbarkeit/Unterwürfigkeit zeigen, um persönliche Ziele durchzusetzen

Arbeitsauftrag

Interpretieren Sie den Dramenauszug.
Arbeiten Sie das Selbstbild Franz Moors heraus und zeigen Sie an ausgewählten Beispielen, wie sich dieses Selbstbild in der Sprache der literarischen Figur widerspiegelt.
Nutzen Sie dabei auch Ihr Wissen über die Entstehungszeit.

Lösungsvorschlag

Der Arbeitsauftrag verlangt von Ihnen die Interpretation eines Ausschnittes aus Schillers Drama „Die Räuber" von 1781. Der Text stammt aus der Epoche des Sturm und Drang, über die Sie im Laufe der Klasse 10 vielfältige Kenntnisse erworben haben. Sie werden ausdrücklich dazu aufgefordert, dieses Wissen bei der Interpretation des Szenenausschnittes zu nutzen. Durch die dem eigentlichen Textausschnitt vorangestellten Informationen können Sie den Handlungszusammenhang rekonstruieren, auch wenn Sie das Drama von Schiller nicht als Ganzschrift im Unterricht besprochen haben.
Hinweise zur Interpretation von literarischen Texten finden Sie auf den Seiten III und IV dieses Bandes, spezielle Sachverhalte zur Interpretation von Dramenszenen und zur Aufsatzgliederung auf den Seiten VI und VII.
Die Aufgabenstellung setzt den Schwerpunkt der Interpretation auf die Figur des Franz Moor. Sie sollen aus dem recht umfangreichen Monolog dieser Figur ein Selbstbild entwickeln, also herausarbeiten, wie sie sich selbst wahrnimmt und darstellt. Dies erreichen Sie am wirkungsvollsten, indem Sie die Inhalte und die sprachliche Gestaltung der Äußerungen von Franz Moor untersuchen.
In der Einleitung des Aufsatzes können Sie vor allem die Handlungszusammenhänge des Dramas klären. Inhalt und Struktur des Ausschnittes sowie die sprachliche Gestaltung der Figurenrede gehören in den Hauptteil. Dort sollten auch Kenntnisse über die Epoche des Sturm und Drang nachgewiesen werden. Die Beurteilung der Figur des Franz Moor und die Bewertung seines Verhaltens runden die Darstellung ab. Überlegungen zur Aktualität von Schillers Drama können den Schluss des Aufsatzes bilden.

Der Szenenausschnitt, in dem der alte Graf von Moor und sein Sohn Franz auftreten, gehört zur ersten Szene des ersten Aktes von Friedrich Schillers Drama „Die Räuber“. Wir befinden uns also in der Exposition, in der Handlungszeit und -ort dargestellt werden. Außerdem werden im ersten Akt die wichtigen Figuren des Theaterstückes eingeführt und charakterisiert. Der Hauptkonflikt des Dramas zwischen dem etwas leichtsinnigen älteren Sohn des Grafen, Karl Moor, und dem intrigierenden jüngeren Bruder Franz wird im Textausschnitt ebenfalls angedeutet.

Einleitung:

Der Szenenausschnitt und seine Stellung im Drama

Der zu interpretierende Auszug aus dem Drama ist zweigeteilt. Der erste, kürzere Abschnitt beinhaltet ein Gespräch des alten Grafen Moor mit seinem jüngeren Sohn Franz. Es geht um einen Brief, der nach Aussage von Franz von dem Leipziger Korrespondenten der Familie Moor stammt. Im Brief werden Schandtaten Karls beschrieben, die dieser angeblich in Leipzig während seines Studiums begangen haben soll.

Hauptteil:

Struktur des Auszuges

Nachdem der Alte „traurig“ (Regieanweisung, Z. 14) die Bühne verlassen hat, werden in einem Monolog von Franz, dem zweiten und längeren Teil der Szene, die eigentlichen Handlungszusammenhänge und der wahre Charakter des jüngeren Grafensohnes deutlich.

Der alte Moor will Karl wegen seiner abscheulichen Taten verstoßen und wahrscheinlich auch enterben. Franz führt seinem Vater vor Augen, dass er den entsprechenden Brief eventuell in einem zu strengen Ton verfassen würde. Karl könnte außerdem ein eigenhändiges Schreiben des Vaters als eine Art von Verzeihung auslegen. Mit diesen Argumenten gelingt es Franz, dass der alte Moor ihn mit dem Schreiben eines Briefes an Karl beauftragt. Aus den Äußerungen des Grafen wird klar, dass er vom Verhalten Karls sehr enttäuscht ist, aber auch von einem starken inneren Konflikt zerrissen wird, und dass er nicht endgültig mit seinem Sohn Karl brechen will. Wiederholt äußert er: „[…] bring meinen Sohn nicht zur Verzweiflung“ (Z. 11 und 13 f.). Damit ist Karl gemeint.

Dialog zwischen dem Grafen und seinem Sohn Franz (Z. 1–14)

Schon die Regieanweisung „mit Lachen ihm nachsehend“ (Z. 15), die das Verhalten von Franz beim Abgang des Vaters beschreibt, lässt große Zweifel an dessen Ehrlichkeit und Aufrichtigkeit aufkommen. Der Brief des Leipziger Korrespondenten, den Franz schon vorher zerrissen hatte, erweist sich als eine Fälschung von seiner Hand. Das Hauptziel von Franz besteht darin, das ehemals liebevolle Verhältnis des alten Grafen zu sei-

Monolog des Franz Moor:

1. Teil (Z. 15–26)

nem Sohn Karl zu zerstören, wahrscheinlich damit er, Franz, das Erbe antreten kann. Franz handelt schon sehr lange nach diesem heimtückischen Plan, denn er sagt: „Da müßt ich ein erbärmlicher Stümper sein, wenn ich's nicht einmal so weit gebracht hätte, einen Sohn vom Herzen des Vaters loszulösen [...]" (Z. 18 ff.).

2. Teil des Monologs (Z. 27–43)

Der zweite Teil des Monologs löst sich etwas von der konkreten Handlung. Franz hadert mit seinem Schicksal als Zweitgeborener. Er fühlt sich von Natur aus benachteiligt, äußerliche Hässlichkeit und schlechte Eigenschaften seien in seiner Person völlig zu Unrecht vereinigt. Hiergegen lehnt sich Franz auf. Er fühlt in sich auch wertvolle Gaben, zum Beispiel einen großen „Erfindungsgeist" (Z. 37). Mit dessen Hilfe meint er, seine hinterhältigen Pläne in die Tat umsetzen zu können. Er vergleicht dabei die Welt mit einem großen Ozean, in dem nur der sich behaupten wird, der „schwimmen" (Z. 39) kann. Die anderen würden untergehen. Mit seinem letzten Satz „Das Recht wohnet beim Überwältiger, und die Schranken unserer Kraft sind unsere Gesetze." (Z. 42 f.) formuliert er ein Motto, mit dem er sich über alle vorhandenen Gesetze und Moralvorstellungen hinwegsetzen kann.

Das Selbstbild und die Sprache des Franz Moor

Franz Moor bezeichnet sich selbst als abstoßenden und widerlichen Charakter. Er fühlt sich seinem Vater überlegen und meint, ihn mit billigen Tricks übertölpeln zu können, dies kommt auch in der abwertenden Bezeichnung „Alter" (Z. 15) zum Ausdruck. Sein Hass auf den Bruder Karl und damit verbunden seine Gier auf Vermögen und Titel des Vaters sind grenzenlos, er hat keinerlei Skrupel, was sich zum Beispiel darin zeigt, dass er Briefe fälscht und Beweisstücke seines Handelns vernichtet. In seinem grenzenlosen Egoismus setzt er sich über familiäre Gefühle hinweg und verwendet derbe und grobe Wörter, die seinen wahren Charakter enthüllen (z. B. „verrammelt", Z. 16; „erbärmlicher Stümper", Z. 18 und „Mord und Tod", Z. 33). Das früher innige Verhältnis seines Vaters zu Karl wertet er mit der Bezeichnung „Schoßkind" (Z. 22) für Karl ab. Der Abschnitt des Monologs, in dem sich Franz über seine Benachteiligung als Zweitgeborener äußert, besteht zu einem Großteil aus rhetorischen Fragen, z. B.: „Warum bin ich nicht der erste aus Mutterleib gekrochen?" (Z. 28 f.) Diese Fragen verdeutlichen sein aufbegehrendes und ichbezogenes Wesen. Dieselbe Funktion haben Ausrufe und Ellipsen wie „gerade mir?“ (Z. 30). Auch der im Verhältnis zum Dialog mit dem Vater sehr große Umfang des Monologs von Franz zeigt dessen fast schon egomanische Selbstbezogenheit.

Epochenbezug und Figurenbewertung

Franz Moor wird durchaus als eine Figur des Sturm und Drang fassbar. Er verkörpert allerdings keine Idealvorstellungen, sondern einen Charakter, von dem keinesfalls Vorbildwirkung ausgeht. Wie Prometheus in Goethes gleichnamigem Gedicht, den man gewissermaßen als „Musterbeispiel“ einer Sturm-und-Drang-Figur sehen kann, begehrt er gegen das Schicksal auf, hat großes Vertrauen in seine Person und lässt sich ausschließlich oder doch weitgehend vom eigenen Gefühl leiten. Allerdings verfolgt er unredliche Ziele, die ihn zu einem Antihelden, zu einem abschreckenden Beispiel machen.

Schluss:
Aktualität des Textes

Ein fränkischer Graf und seine zwei gegensätzlichen Söhne wirken als Hauptfiguren heute etwas antiquiert. Auch der Grund des Zerwürfnisses, die Nachfolge des Vaters, scheint nicht mehr wirklich zeitgemäß zu sein, wenn man vom Streit um den elterlichen Besitz einmal absieht. Durchaus aktuell wirkt dagegen ein alternder Vater, der eine sich rasant wandelnde Welt nicht mehr begreifen kann und der deswegen hilflos wirkt und von seinem Sohn ausgenutzt wird. Ebenso realistisch erscheint ein gegensätzliches Brüderpaar, einer leichtsinnig und leichtlebig, der andere dagegen mit allen Wassern gewaschen und in seiner Gier nach Macht, Geld und Ansehen ohne jeden Respekt vor moralischen und ethischen Regeln in einer Gemeinschaft.

Sachsen – Besondere Leistungsfeststellung 10. Klasse Deutsch 2009
Thema 2

Albert Einstein (1879–1955): Erziehung zu selbständigem Denken (1952)

Es ist nicht genug, den Menschen ein Spezialfach zu lehren. Dadurch wird er zwar zu einer Art benutzbarer Maschine, aber nicht zu einer vollwertigen Persönlichkeit. Es kommt darauf an, daß er ein lebendiges Gefühl dafür bekommt, was zu erstreben wert ist. Er muß einen lebendigen Sinn dafür bekommen, was schön und was moralisch gut ist. Sonst gleicht er mit seiner spezialisierten Fachkenntnis mehr einem wohlabgerichteten Hund als einem harmonisch entwickelten Geschöpf. Er muß die Motive der Menschen, deren Illusionen, deren Leiden verstehen lernen, um eine richtige Einstellung zu den einzelnen Mitmenschen und zur Gemeinschaft zu erwerben.

Diese wertvollen Dinge werden der jungen Generation durch den persönlichen Kontakt mit den Lehrenden, nicht – oder wenigstens nicht in der Hauptsache – durch Textbücher[1] vermittelt. Dies ist es, was Kultur in erster Linie ausmacht und erhält. Diese habe ich im Auge, wenn ich die „humanities“[2] als wichtig empfehle, nicht einfach trockenes Fachwissen auf geschichtlichem und philosophischem Gebiet.

Überbetonung des kompetitiven Systems[3] und frühzeitiges Spezialisieren unter dem Gesichtspunkt der unmittelbaren Nützlichkeit töten den Geist, von dem alles kulturelle Leben und damit schließlich auch die Blüte der Spezialwissenschaften abhängig ist.

Zum Wesen einer wertvollen Erziehung gehört es ferner, daß das selbständige kritische Denken im jungen Menschen entwickelt wird, eine Entwicklung, die weitgehend durch Überbürdung mit Stoff gefährdet wird [...]. Überbürdung führt notwendig zu Oberflächlichkeit und Kulturlosigkeit. Das Lehren soll so sein, daß das Dargebotene als wertvolles Geschenk und nicht als saure Pflicht empfunden wird.

Aus einem am 5. Oktober 1952 (auf Englisch) in der New York Times erschienenen Interview mit Benjamin Fine.
Hier übernommen aus: Albert Einstein: Mein Weltbild. Hrsg. v. Carl Seelig; Zürich et al. 1953.

Hinweis:
Hier wurde aus genehmigungsrechtlichen Gründen die von Albert Einstein autorisierte Version des Textes zugrundegelegt und nicht die Version, die den Schülern für die BLF im Jahr 2009 vorlag.

Erläuterungen:
1 Gemeint sind Lehrbücher
2 Geisteswissenschaften
3 Überbetonung der Bewertung und Benotung der Lernenden

Arbeitsauftrag

Erörtern Sie zentrale Aussagen des vorliegenden Textauszuges.
Analysieren Sie den Text, um die Hauptaussagen des Verfassers zu ermitteln.
Setzen Sie sich anschließend mit ausgewählten Positionen Albert Einsteins auseinander.

Lösungsvorschlag

Aus der Aufgabenstellung und dem zur Aufgabe gehörenden Text ergibt sich, dass das Verfahren der textgebundenen Erörterung anzuwenden ist. Die Texterörterung schließt auch eine Analyse des Untersuchungstextes ein.
Im Einleitungsteil des Aufsatzes sollten Sie sich zum Thema des Textes äußern. Auch einige Aussagen zu Albert Einstein, einem der bedeutendsten Wissenschaftler des 20. Jahrhunderts, sind sachgerecht.
Im Rahmen der Textanalyse, die zum Hauptteil gehört, beschreiben Sie zunächst die Struktur des Textes, seine wesentlichen Aussagen und die Art und Weise der Gedankenführung. Der anschließende Erörterungsteil fordert, dass Sie sich mit wesentlichen Positionen Einsteins kritisch auseinandersetzen. Da Sie die Erörterungsschwerpunkte selbst festlegen sollen, müssen Sie genau darauf achten, dass der Bezug zum Ausgangstext nicht verloren geht. Eine falsche Bescheidenheit gegenüber der Größe Einsteins, die zu uneingeschränkter Zustimmung führen könnte, ist nicht sinnvoll. Es ist aber auch nicht angemessen, sich ohne gut ausgearbeitete Argumente von den Thesen zu distanzieren.
Im Schlussteil können Sie der Frage nachgehen, ob der Text von Albert Einstein heute noch aktuell erscheint.

Albert Einsteins Name ist untrennbar mit der Relativitätstheorie verbunden, in der er nachweist, dass die Zeit keineswegs eine konstante Größe ist. Der berühmte Physiker, das Genie des 20. Jahrhunderts, beschäftigte sich aber nicht nur mit physikalischen Problemen, sondern beispielsweise auch mit dem Themenbereich Bildung und Erziehung. In einem Interview legt er seine Sicht zu der grundlegenden Frage dar, was das Ziel von Erziehung sein sollte.

Einleitung:
Der Autor und sein Thema

Der vorliegende Auszug aus Einsteins Text mit dem Titel „Erziehung zu selbständigem Denken“ besteht aus vier Abschnitten. Im ersten Abschnitt wird zunächst behauptet, dass man sich nicht damit begnügen könne, den Menschen ein Spezialfach zu lehren (vgl. Z. 1). Das heißt nicht, dass Einstein Spezialwissen für unnötig hält. Allerdings genüge dieses nicht, wenn man als Ziel der Erziehung die „vollwertige[] Persönlichkeit“ (Z. 2 f.) definiert. Menschen würden zu einer „Maschine“ (Z. 2) umfunktioniert, wenn man ihnen ausschließlich Spezialwissen vermitteln würde. Stattdessen will Einstein, dass der Mensch ein Gefühl für das Erstrebenswerte entwickelt. Dieses Erstrebenswerte sei das, was „schön und moralisch gut ist“ (Z. 4 f.). Ein so gebildeter Mensch gleiche nicht einem „wohlabgerichteten Hund“ (Z. 6), sondern könne eine einfühlsame Einstellung zu seinen Mitmenschen und zur gesamten Menschengemeinschaft aufbauen.

Hauptteil:

Textinhalt und Struktur

Abschnitt 1 (Z. 1–9)

Im zweiten Abschnitt beschreibt Einstein den Weg, wie das Ziel der vollwertigen Persönlichkeit erreicht werden kann. Für ihn spielt der persönliche Kontakt zwischen der „jungen Generation“ (Z. 10) und „den Lehrenden“ (Z. 11) die entscheidende Rolle. Lehrbücher seien hingegen weniger geeignet. Als Angehörige der jungen Generation sieht Einstein wahrscheinlich Studenten, die von ihren Professoren an der Universität gelehrt und erzogen werden. Die Professoren sollen offensichtlich ihren Studenten sowohl wissenschaftlich als auch menschlich Vorbilder sein. Neben der Aneignung von Spezialwissen auf einem bestimmten Gebiet empfiehlt Einstein die Beschäftigung mit den Geisteswissenschaften als wichtigem Bestandteil der Kultur. Allerdings versteht er darunter wiederum nicht die Vermittlung von „trockene[m] Fachwissen“ (Z. 14).

Abschnitt 2 (Z. 10–15)

Im kurzen dritten Abschnitt verurteilt Einstein die frühzeitige Spezialisierung auf ein Wissensgebiet, die nur auf Nützlichkeit ausgerichtete Ausbildung und die seiner Meinung nach zu große Bedeutung von Bewertung und Benotung beim schulischen Wissenserwerb. Eine umfassende Spezialbildung setzt seiner Meinung nach eine ausgewogene geistige Bildung voraus.

Abschnitt 3 (Z. 16–19)

Der Kerngedanke im letzten Abschnitt ist schließlich die Erziehung zum kritischen Denken. Dieses notwendige kritische Denkvermögen würde durch „Überbürdung mit Stoff“ (Z. 22) gefährdet, das Resultat sei Oberflächlichkeit und Kulturlosigkeit. Der

Abschnitt 4 (Z. 20–25)

Lehrstoff soll als „wertvolles Geschenk“ (Z. 24) vermittelt und das Lernen nicht als „saure Pflicht“ wahrgenommen werden.

Erörterung:

Persönlichkeit und Spezialisierung

Der auf mich etwas altmodisch wirkende Text wirft zunächst die Frage auf, in welchem Verhältnis die Begriffe Persönlichkeit und Spezialist zueinander stehen. Als Spezialisten kann man einen Menschen mit umfangreichem und tiefgründigem Wissen in einem oder mehreren Fachgebieten bezeichnen. Es gibt zum Beispiel Mikrobiologen oder Softwareentwickler. Als Persönlichkeit versteht Einstein einen Menschen, der umfangreiches Fachwissen, gute Allgemeinbildung und herausragende charakterliche Qualitäten vereint. Keinesfalls ist er aber der Meinung, dass sich eine harmonische Persönlichkeit und Fach- bzw. Spezialwissen ausschließen. Das wäre bei einem Physiknobelpreisträger auch eher verwunderlich.

Kritisches Denken

Zu einem ähnlichen Ergebnis gelangt man meiner Meinung nach, wenn man das im vierten Abschnitt des Textes ausführlich besprochene kritische Denkvermögen einbezieht. Einstein sieht diese Fähigkeit als völlig unverzichtbar für eine Persönlichkeit an. Er sagt aber auch, dass das Denkvermögen durch ein „Zutexten“ (Überbürdung) mit zu viel Stoff gefährdet sei. Ich finde diese Aussage zutreffend, sie entspricht auch meinen Erfahrungen bei der Vorbereitung von Klausuren und Leistungskontrollen: Man lernt Vokabeln, Formeln, Merkmale, Gesetze und Epochen, um sie dann genauso schnell wieder zu vergessen. Die Klausur ist vorbei, und im Unterricht wird ein neues Thema mit neuen Inhalten besprochen. Bis zur nächsten Klausur. Allerdings kann es ein Denken ohne Verstehen und Lernen auch nicht geben. Wenn ich zum Beispiel als Ingenieur in der Autoindustrie arbeite und energiesparende Motoren entwickeln soll, dann muss ich verstehen, wie Otto-, Diesel- und Wankelmotoren konstruiert sind und funktionieren. Ich muss diese Zusammenhänge lernen. Erst dann kann ich kritisch hinterfragen, in welche Richtung sich eine Neuentwicklung wirklich lohnt.

Persönlicher Kontakt Lernende – Lehrende

Begriff des „Vorbildes“

Einstein spricht im zweiten Abschnitt davon, dass einem jungen Menschen die wirklich „wertvollen Dinge“ (Z. 10) nicht aus Lehrbüchern, sondern nur im persönlichen Kontakt mit den Lehrern oder Professoren zum Bewusstsein kommen. Der Begriff des „Vorbildes“ steht hier aus meiner Sicht klar im Raum, ohne dass Einstein das Wort ausdrücklich verwendet. Ob alle Lehrer oder Professoren solche Vorbilder darstellen, also zum kritischen Denken erziehen, das bezweifle ich. Es gibt Fächer, zum Beispiel Sport, Kunsterziehung oder Musik, in denen es nicht so sehr um das Denkvermögen geht, die Lehrer aber trotzdem ihre Schüler begeistern und damit vorbildlich arbeiten. Andere Lehrer betonen im Unterricht und auch in den Klausuren sehr stark, dass man sich ein umfangreiches Wissen einpauken muss, dessen Halbwertszeit dann aber doch nur bis zur nächsten Note reicht. Im Biologieunterricht der Klasse 10 haben wir in diesem Schuljahr mehrere Wochen über Genetik gesprochen, da waren viele Begriffe, Zusammenhänge und auch Vererbungsregeln zu lernen. Vielleicht hätte ich mir das alles nicht so gut einprägen können, wenn wir nicht auch immer wieder über Möglichkeiten und Gefahren der genetischen Forschung diskutiert hätten. Unser Lehrer hat uns nicht nur Fachwissen vermittelt, sondern sich auch die Zeit genommen, mit uns die verschiedenen ethischen Positionen zu besprechen, die mit dem Thema verbunden sind. Daher stimme ich Einstein darin zu, dass ein über die Vermittlung von reinem Fachwissen hinausgehender Austausch zwischen Lehrern und Schülern für die Erziehung sehr wichtig ist.

Schluss: Aktualität des Textes

Einsteins Aussagen sind etwa 60 Jahre alt. Sie wirken auf einen heutigen jungen Leser vielleicht etwas zu sehr belehrend, sozusagen mit dem pädagogischen Zeigefinger verfasst. Wenn man allerdings genauer liest und nachdenkt, muss man Einstein doch in vielen Punkten zustimmen: Bildung und Erziehung sind nötig, wenn man in der Gesellschaft als geachtetes Mitglied bestehen will. Persönlichkeiten bleiben gefragt.

Bas Böttcher (*1974): Dran glauben (2009)

Häng deine Hoffnung an ein Plastikschwein made in Taiwan
Häng deine Hoffnung an ein Pflasterstein und andern Kleinkram
Zur Show gibt es Kitsch
Zum Popstar das Image
Zur Schönheit die Bräunung
Zum Glück gibt's die Täuschung
Also:
Dran glauben!
Kram kaufen!
Augen schließen!
Den Schwindel genießen!

Häng deine Ziele an den Masterplan von Microsoft
Häng deine Ziele an die Straßenbahn zum Luxusloft
Zum Reichtum gibt's Schätze
Zum Brechen Gesetze
Zur Unschuld die Leugnung
Zum Glück gibt's die Täuschung
Also:
Dran glauben!
Kram kaufen!
Augen schließen!
Den Schwindel genießen!

Häng deine Träume an die Funknetze der Telekom
Häng deine Träume nur an Goldschätze und Pokemon
Zur Ware gibt's Werbung
Zum Blondieren die Färbung
Zum Traum gibt's die Deutung
Zum Glück gibt's die Täuschung
Also:
Dran glauben!
Kram kaufen!
Augen schließen!
Den Schwindel genießen!

Häng deine Wünsche an die Serien auf Pro Sieben
Häng deine Wünsche an die Ferien und ans Verlieben
Zur Liebe gibt's Treue
Zum Fremdgehn die Reue
Zum Schmerz die Betäubung
Zum Glück gibt's die Täuschung
Wir müssen
Dran glauben!
Kram kaufen!
Augen schließen!
Den Schwindel genießen!

Aus: Neonomade – Bas Böttcher (2009 Voland & Quist).

Arbeitsauftrag

Interpretieren Sie den lyrischen Text.

- Erschließen Sie die Thematik des Textes.
- Zeigen Sie an ausgewählten Beispielen, wie inhaltliche und sprachliche Gestaltung zusammenwirken.

Lösungsvorschlag

Der Aufgabentyp dieser Prüfungsaufgabe ist die „Interpretation lyrischer Texte". Hierzu finden Sie die grundsätzliche Vorgehensweise im Kapitel „Hinweise und Tipps" beschrieben. Neben der direkten Aufforderung zur Interpretation enthält die Aufgabenstellung noch zwei Schwerpunkte: Sie sollen einerseits die Thematik des Textes erschließen und andererseits beispielhaft das Zusammenwirken von inhaltlicher und sprachlicher Gestaltung zeigen. Die Schwerpunktsetzung ist nicht so zu verstehen, dass Sie ausschließlich diese beiden Punkte in Ihrem Aufsatz darstellen. Legen Sie aber Ihr Hauptaugenmerk darauf. Die Gliederung des Aufsatzes kann sich nach den gesetzten Schwerpunkten richten.
Der Text weist einige formale und inhaltliche Besonderheiten auf. Deshalb zögert man vielleicht, ihn als Gedicht zu bezeichnen. Ähnlichkeiten mit Liedtexten und Rap sind erkennbar. Der Text ist relativ lang und enthält viele refrainähnliche Wiederholungen. Auch die Anfangsteile der Strophen sind deutlich durch Wortwiederholungen strukturiert. Diese Gestaltungselemente der Wiederholung lassen sich gut für die Interpretation nutzen. Berücksichtigen Sie bei der Analyse auch die Mehrdeutigkeit und die Ironie vieler Formulierungen.

Der Text „Dran glauben“ stammt von Bas Böttcher und wurde auf der Internetseite des Autors veröffentlicht. Nach dem ersten Durchlesen zweifelt man zunächst, ob es sich wirklich um ein Gedicht handelt. Es könnte auch ein Liedtext sein. Das Gedicht hat vier klar gegliederte Strophen mit Refrain, die Reime bzw. reimähnliche Versenden (z. B. „Täuschung“ – „Bräunung“, V. 5 f.) enthalten. Auffällig sind viele umgangssprachliche Formulierungen und Ellipsen wie „Kram kaufen! Augen schließen“ (V. 9 und 10), die man eher nicht in Gedichten vermutet. Der Titel „Dran glauben“ wirkt mehrdeutig, er kann als Aufforderung, als Feststellung oder als Frage verstanden werden. Durch eine Auseinandersetzung mit dem Thema und mit den verwendeten Gestaltungsmitteln werde ich versuchen, mich dem Sinngehalt des Textes zu nähern.

Einleitung

Der lyrische Sprecher thematisiert die Hoffnungen, Ziele, Träume und Wünsche seiner Mitmenschen in jeweils einer Strophe. Dabei gibt er dem Leser Ratschläge für die Lebensgestaltung und begründet diese auch. Im Refrainteil werden simpel wirkende Regeln für das Leben formuliert. Diese Regeln werden in den ersten drei Strophen durch ein „Also:“ (z. B. V. 7) als scheinbar logische Schlussfolgerung aus dem ersten Strophenteil dargestellt. Die Wendung „Wir müssen“, das in der vierten Strophe an die Stelle des „Also:“ rückt, lässt das Folgende als Zwang erscheinen. Zunächst soll man „Dran glauben!“ (V. 8, 19, 30 und 41), woran, das wird nicht genauer mitgeteilt. Wenn ich unkritisch und naiv an alles glaube, verliere ich wesentliche Eigenschaften eines denkenden Menschen. Daher ruft die Regel Zweifel hervor, sie kann eigentlich nur ironisch gemeint sein. Die zweite Grundregel, „Kram kaufen!“ (V. 9), unterstreicht diesen Eindruck. Die Aufforderung zum Konsum als Weg ins Glück ist zwar eindeutig, allerdings werden die Waren abwertend als Kram bezeichnet, Konsumstreben wird dadurch ironisch als sinnleere Verhaltensweise gekennzeichnet. Auch die dritte und vierte Regel, man solle sich nicht mit seiner Welt auseinandersetzen („Augen schließen!“) und die uns umgebende Scheinwelt („Schwindel“) genießen, wirken in gleicher Weise fragwürdig.

Hauptteil

Thematik des Gedichts und Refrain

In der ersten Strophe dominiert das Thema Hoffnung. Die Empfehlung an den Leser, seine Hoffnungen einer Art Talisman anzuvertrauen, wird dadurch ironisiert, dass es sich dabei um ein aus Taiwan stammendes Plastikschwein handelt (vgl. V. 1).

Strophe 1

Die gleiche Form der Ironisierung wendet der Autor in V. 2 an, wenn er hier Produkte wie das Plastikschwein als „Kleinkram" (V. 2) bezeichnet. Die im Text enthaltenen Aufforderungen wirken sehr oberflächlich und plump. Offensichtlich will der Autor seine Leser provozieren. Der Leser wird fast dazu gezwungen, über andere Bedeutungen des Begriffs „Hoffnung" nachzudenken und sich dabei von den Vorschlägen, die das Gedicht macht, abzugrenzen. Die kritische Einstellung des Autors drücken auch die anschließenden Verse aus: Sie verweisen auf den Scheincharakter der Medienwelt, die nur eine schöne Fassade bietet: Die Shows sind beherrscht vom „Kitsch" (V. 3), und der Popstar ist nicht er selbst, sondern hat ein „Image" (V. 4). Veranschaulicht wird diese Oberflächlichkeit mit dem Hinweis auf die „Bräunung" (V. 5) der Hautoberfläche. Die darauf folgende Feststellung „Zum Glück gibt's die Täuschung" (V. 6) leitet zum Refrain über und kehrt in den späteren Abschnitten wieder. Die nachfolgenden Strophen haben die gleiche Struktur wie die 1. Strophe.

Dementsprechend setzt die 2. Strophe wieder mit den zwei Aufforderungen „Häng" ein; und wiederum erscheint etwas Persönliches – die eigenen Ziele – als ab*häng*ig von der Konsumwelt, für die stellvertretend die führende Software-Firma Microsoft und ein Luxusloft als Symbol für Wohlstand stehen (vgl. V. 12 f.). Aufrichtigkeit und Gesetzestreue scheinen auf dem Weg zum Reichtum fehl am Platz zu sein (vgl. V. 15 ff.). Auch diese Behauptungen provozieren durch ihre Leichtfertigkeit und Rücksichtslosigkeit und fordern den Leser indirekt auf, Vorstellungen über die eigenen Ziele zu entwickeln, die von dem im Gedicht Dargestellten abweichen. Strophe 2

Das Thema der dritten Strophe sind vor allem die Träume, aber nicht im Sinn von nächtlichen Träumen, sondern im Sinne von Vorstellungen oder Idealen, von Lebensträumen. Die Anfangsverse fordern dazu auf, die Träume von der Telekommunikations- und der Videospielindustrie („Funknetze der Telekom", V. 23; „Pokemon", V. 24) abhängig zu machen. Das Wort „Goldschatz" kann auch als Belohnung im Rahmen eines Videospiels verstanden werden. Die nachfolgenden Verse bewegen sich wieder im Bedeutungsfeld des Konsums, wie die Begriffe „Ware", „Werbung", „Färbung" (V. 25–28) deutlich machen. Auch hier dürfte der Leser mit Zweifel an den geäußerten Vorschlägen reagieren. Strophe 3

Die letzte Strophe liegt gedanklich sehr nah an der dritten, denn sie hat das Thema „Wünsche“. Die Wörter Wunsch und Traum überschneiden sich in ihrer Bedeutung teilweise. Der erste Vers variiert den ironischen Bezug auf die Konsumindustrie, indem er auf Fernsehserien verweist, die normalerweise nicht als besonders lebensnah oder anspruchsvoll gelten. Wünschen scheint auch nur in der Liebe und im Urlaub eine Daseinsberechtigung zugesprochen zu werden, also im privaten Lebensbereich. Die angebotenen Rezepte zur Gestaltung einer Liebesbeziehung, kommen wohl eher aus den Fernsehserien und erweisen sich nicht als tragfähig. Liebe und Treue hätten schon miteinander zu tun, aber einen Seitensprung könne man – so lässt sich diese Stelle lesen – auch bereuen, und damit wäre er erledigt. Falls eine solche Handlung dem Partner doch wehtut, kann sich dieser immer noch betäuben (vgl. V. 38), etwa mit Alkohol oder eigener Untreue. Diese vereinfachenden „Lösungen“ vermögen der Komplexität des Lebens und des Liebens jedoch nicht gerecht zu werden. Strophe 4

Der Text von Bas Böttcher enthält auffällige Gestaltungsmittel. Gestaltungsmittel
Die vier recht langen und parallel gebauten Strophen sind sehr durchdacht strukturiert. Die ersten beiden Verse enthalten Aufforderungen, die mit der umgangssprachlichen Imperativform „Häng“ beginnen. Darauf folgen je vier kürzere Sätze oder Ellipsen, die mit „Zur“ oder „Zum“ eingeleitet werden. Das Fehlen von Satzschlusszeichen lässt hier den Wortschwall noch eindrücklicher wirken. Der in der Mitte stehende Vers „Zum Glück gibt's die Täuschung“ (V. 6, 17, 28, 39) kann als Achse der einzelnen Strophen gelesen werden und erhält auf diese Weise eine besondere Betonung: denn das gesamte Gedicht kreist um die Frage nach dem Glück und entlarvt über die ironische Gestaltung die vorgeschlagenen Wege zum Glück als Täuschung der Konsum- und Medienwelt. Die abschließenden Refrainzeilen wirken in ihrer elliptischen Verknappung wie Werbesprüche. Dies unterstützt die Gesamtaussage des Gedichtes, da die Ähnlichkeit zur Werbesprache als weiteres Signal für die Ironie gewertet werden kann. Die Nachdrücklichkeit der Aufforderungen wird hier durch die Ausrufezeichen unterstrichen. Insgesamt erhält der Text durch Aufforderungen, Anaphern und syntaktische Parallelismen einen beschwörenden Charakter. Ein deutlicher Rhythmus ist ebenfalls immer wieder spürbar: So sind die Verse 3 bis 6 der einzelnen Strophen rhythmisch fast durch-

gängig gleich gestaltet. Dies macht das Gedicht sehr eingängig. Man hat das Gefühl, dass dem Leser so eigene Meinungen ausgeredet werden sollen.

Schluss

Ich empfinde den modern gestalteten Text als anregend und unterhaltend. Die Ratschläge zur Lebensgestaltung stellen Haltungen dar, die ich auch aus meinem persönlichen Bekanntenkreis kenne, zum Beispiel, dass Konsum als wichtiger Lebensinhalt angesehen wird oder dass man Reichtum als einziges Lebensziel sieht. Ich kann mir vorstellen, dass der Text noch viel stärker und unmittelbarer wirkt, wenn man ihn mündlich vorträgt oder im Rahmen eines Rapsongs verwendet. Einige Formulierungen (z. B. „Den Schwindel genießen!“) wirken dann noch deutlicher und eindringlicher als Provokation.

Johano Strasser (*1939): Stückwerk (Auszug)

Was du tust, tue ganz und mit heißem Herzen! So weit, so gut. Aber was heißt das: *ganz?* Allen Hindernissen und allen Bedenken zum Trotz? Ein Leben lang? Als Kind habe ich staunend und ehrfürchtig die Geschichten von jenen vorbildlichen Männern gelesen – es waren immer Männer –, die eines Tages, meist schon in jungen Jahren, ihre Berufung entdecken und fortan ihr ganzes Leben dieser einen Sache widmen. Durch alle Widrigkeiten hindurch, gegen eine Welt von Feinden verfolgen sie ihr Ziel und stehen am Ende erfolgreich da – oder als grandios Gescheiterte. Glückliche oder tragische Helden, Helden allemal.

Die Botschaft dieser Texte ist klar: Du sollst dich entscheiden, und wenn du dich entschieden hast, sollst du durchhalten, bei der Stange bleiben, an deine Sendung glauben und nie aufgeben. Dann, nur dann hast du Anspruch darauf, geachtet und geliebt zu werden. Nur dann hast du auch Erfolg, wie das Beispiel Bill Gates zeigt. Mit dreizehn schreibt er sein erstes Software-Programm, mit sechzehn gründet er zusammen mit dem drei Jahre älteren Paul Allen seine erste Software-Firma, einige Jahre später das Unternehmen Microsoft. Jahrzehntelang nichts als Computer und Computerprogramme. Und heute ist er der reichste Mann der Welt.

Aber was, wenn man sich seiner Berufung nicht sicher ist oder einen auf halbem Wege Zweifel am Sinn des Ganzen befallen? Einfach weitermachen, Augen zu und durch? Was tun, wenn der Schritt unwillkürlich langsamer wird, je näher man dem Ziel kommt, wenn unerklärliche Mattigkeit einen befällt, auf einmal gar nichts mehr klar ist? Gibt es eine Methode, sich zuverlässig gegen alle Einreden des Zweifels zu wappnen? [...]

Aus: Strasser, Johano: Stückwerk. In: Die Tücke des Subjekts. Handreichungen für Unverbesserliche. Zürich: Pendo Verlag 2002, S. 75 f.

Arbeitsauftrag

Erörtern Sie den vorliegenden Textauszug.
- Arbeiten Sie die Kernaussage des Verfassers heraus.
- Setzen Sie sich mit ausgewählten Positionen auseinander.

Lösungsvorschlag

Die Auseinandersetzung mit dem Textauszug aus „Stückwerk" von Johano Strasser entspricht vom Aufgabentyp her einer textgebundenen Erörterung. Die allgemeinen Hinweise für diese Art von Aufgaben finden Sie im Kapitel „Hinweise und Tipps" dieses Bandes. Die Aufgabenstellung enthält zwei Teilbereiche. Zunächst gilt es, die Kernaussage des Verfassers herauszuarbeiten. Diese Formulierung verlangt nicht unbedingt eine vollständige Inhaltsangabe des Ausgangstextes. Da dieser aber nur einen recht geringen Umfang hat, ist ein im Wesentlichen vollständiger Verstehensnachweis erforderlich. Der zweite Bereich stellt eine Erörterungsleistung dar, zu der Sie sowohl durch die Formulierung „Erörtern Sie …" als auch durch „Setzen Sie sich … auseinander" aufgefordert werden. Diese zweifache Betonung des Erörterungsteils macht deutlich, dass eine tiefgründige und eventuell auch kritische Beschäftigung mit den Textinhalten verlangt ist. Damit im Zusammenhang steht der Umfang, den die Lösungen der Teilaufgaben im Aufsatz einnehmen. Eine systematische Sprachanalyse wird nicht ausdrücklich gefordert. In einen etwas längeren Einleitungsteil können Sie die Kernaussagen des Verfassers mit einbinden. Der zweite Aufsatzteil enthält dann die eigentliche Erörterung, in der Sie Ihre eigene Sicht auf die Textpositionen tiefgründig darstellen. Ein kurzer Schlussteil mit einer Zusammenfassung der Absichten des Autors rundet den Aufsatz ab.

Einleitung
wesentliche Textaussagen

Der im Jahre 1939 geborene Autor Johano Strasser veröffentlichte 2002 ein Buch mit dem Titel „Die Tücke des Subjekts". Daraus stammt der vorliegende Auszug mit der Überschrift „Stückwerk". Der Autor nennt zunächst eine Erfolg versprechende Regel zur Gestaltung des eigenen Lebens: Setze dir Ziele, verfolge diese Ziele konsequent bis zur Selbstaufgabe, halte durch und gib niemals auf. Bereits die anschließenden Fragen (vgl. Z. 1 f.) verdeutlichen aber, dass der Autor diese Lebensregel nicht unkritisch übernehmen will, sondern vielmehr kritisch hinterfragt. Als Beispiel führt Strasser den Microsoft-Gründer Bill Gates an (Z. 12–17). Wer sein Ziel immer und unter allen Umständen verfolgt, der wird zum Helden. Wenn man scheitert, wird man immerhin noch zum tragischen Helden. Der Autor distanziert sich aber von Lebenszielen wie Wohlstand, Reichtum und Macht – das ergibt sich aus der als Beispiel gewählten Karriere von Bill Gates. Besonders am Anfang und am Ende des Textauszuges erkennt man, dass der Autor selbst erhebliche Zweifel an der Richtigkeit der beschriebenen Lebensregel hat. Dies zeigt sich vor allem im letzten Absatz ab Zeile 24 in Form von rhetorischen Fragen. Es kann durchaus Zweifel an der eigenen Berufung geben, „Augen zu und durch“ (Z. 19 f.) muss nicht immer die angemessene Methode im Leben sein. Die eigenen Kräfte könnten nachlassen und es kann Zweifel an der Richtigkeit des Ziels geben. Der Textauszug lässt sich also als Stellungnahme gegen die Auffassung lesen, dass man eine unumstößliche „Berufung“ (Z. 5, 18) finden bzw. an die eigene unwiderrufliche „Sendung“ (Z. 10) glauben muss, nach der man dann sein gesamtes Leben ausrichtet.

Erörterung
Ziele

Fast jeder Mensch verspürt wahrscheinlich eine gewisse Sehnsucht nach Anerkennung und Erfolg in sich. Beides stellt sich ein, wenn man ein bestimmtes Ziel erreicht hat. Es muss nicht immer um ein großes Lebensziel gehen. Das Bestehen der Fahrprüfung oder auch nur die Anerkennung der Mitschüler nach dem ersten Sprung vom Zehn-Meter-Turm vermittelt ein gutes Gefühl. Der Aufwand, den man für die Realisierung dieser Ziele betreiben muss, ist sicher überschaubar. Andere Ziele sind schwieriger zu verwirklichen: Ich will meine Abiturprüfung mindestens mit dem Durchschnitt 2,0 bestehen. Oder: Spätestens im Jahre 2018 habe ich meine eigene Augenarztpraxis in Dresden. Für beide Ziele muss man ausdauernd und konsequent arbeiten. Besonders bei dem zweiten Ziel sind aber auch Zweifel angebracht. In einem so langen Zeitraum kann es viele Ereignisse geben, in deren Folge man sein Ziel verändern will oder muss. Noch schwieriger wird es bei Zielen, die man nicht allein verwirklichen kann, zum Beispiel bei der Partnerwahl: Mein Lebenspartner soll dunkelblond, nicht unter 1,85 m groß und schlank sein. Ich will auch mindestens zwei Kinder. Ich kenne auch Menschen, die anscheinend kaum Ziele haben oder verwirklichen. Auf meinem Schulweg gehe ich oft an einer Gruppe von Leuten vorbei, die auf einer Parkbank sitzen, erzählen, rauchen und Bier trinken. Sie machen keinen unglücklichen Eindruck. Meiner Meinung nach sind Ziele im Leben notwendig, und man sollte auch einen langen Atem zu deren Verfolgung haben. Es muss allerdings nicht immer das große Lebensziel bis zum Rentenalter sein. Es können auch kleinere Ziele sein, und außerdem kann ein Ziel unwichtig oder bedeutungslos werden, wenn sich die Lebensumstände und die eigenen Urteile ändern.

Der Autor Johano Strasser führt in seinem Text mehrere Beispiele für Menschen an, die immer wieder konsequent auf ein Ziel hingearbeitet haben. Diese „vorbildlichen Männer[.]" (Z. 3 f.) hätten ein Leben lang an einem Ziel gearbeitet und dadurch Ruhm erworben. Man denkt an Luther, Goethe, Napoleon oder Einstein. Hatte Goethe in seiner Jugend wirklich das Ziel, der berühmteste deutsche Schriftsteller zu werden und den „Faust" zu schreiben? Oder wollte Napoleon zuerst ganz Europa erobern und dann auf eine Insel im Südatlantik verbannt werden? Aus dem Geschichtsunterricht weiß ich, dass Luther mit seinem Thesenanschlag keineswegs die Reformation auslösen wollte. Diese Folge ergab sich erst später. Richtig ist sicher, dass berühmte und erfolgreiche Menschen häufig ihrer Berufung folgten und sich sehr klare Ziele setzten. Bei der Verwirklichung ihrer Ziele waren sie aber auch von Zufällen und äußeren Umständen abhängig und mussten Ziele anpassen oder verändern. Für mich sind zwar erfolgreiche Menschen interessant, vor allem die Frage, wie sie ihren Erfolg erreichten. Ich weiß aber auch, dass man ähnliche Erfolge nicht durch Imitieren von Vorbildern erringen kann. Dabei sind dann wirklich eigene, vor allem von innen kommende Ziele wichtiger. Vorbilder

Wenn man sich ein langfristiges Ziel setzt, dann geschieht das immer innerhalb eines Rahmens von äußeren Bedingungen, die mehr oder weniger bekannt und auch konstant sind. Ein Ziel könnte zum Beispiel lauten: Ich übernehme das Autohaus meiner Eltern und führe es erfolgreich bis zum Jahre 2060, dann wandere ich nach Australien aus. Eine solche Formulierung wirkt lächerlich und auch naiv, weil sie nicht beachtet, dass ich von Änderungen abhängig bin. Es ist nicht klar, ob man eine entsprechende Berufsausbildung erfolgreich abschließt. Das Autohaus kann verkauft werden oder in Konkurs gehen. Ob Autos im Jahre 2040 noch ihre heutige Bedeutung haben werden, kann auch nicht sicher vorhergesagt werden. Und ob 2060 eine Auswanderung nach Australien noch attraktiv sein wird, kann wegen der Globalisierung und wegen des Klimawandels kein Mensch voraussagen. Dieses Beispiel wirkt drastisch, es zeigt aber, dass man in einer Zeit immer schnellerer Veränderungen nur schwer an ganz langfristigen Zielen arbeiten kann. Mir erscheinen mittelfristige Ziele mit einem Zeithorizont von fünf bis zehn Jahren realistischer. Außerdem muss man sich an Veränderungen anpassen können und flexibel sein. Veränderung von Lebensbedingungen

Der Autor Johano Strasser verfolgt mit seinem Text sicher auch nicht die Absicht, die Leser davon zu überzeugen, dass sie lebenslangen Zielen nachlaufen sollen. Er fordert eher zum eigenen Denken, zur Auseinandersetzung und zum angemessenen Reagieren auf neue Situationen auf. „Stückwerk" lautet der Titel des Textes, aus dem der Auszug stammt. Ein Stückwerk ist das Gegenteil eines geschlossenen systematischen Ganzen. Diese Sicht auf das Leben erscheint mir realistischer als die Legende von der Verwirklichung des großen Plans.

Schluss

Absichten des Autors

Sachsen – Besondere Leistungsfeststellung 10. Klasse Deutsch 2011
Thema 1

Franz Hohler (*1943): Der Granitblock im Kino (1974)

Ein Granitblock aus einem öffentlichen Park hatte lange gespart und wollte mit seinem Geld ins Kino, und zwar hatte er von einem lustigen Film gehört, „Zwei Tanten auf Abenteuer“. Er ging also an die Kasse und verlangte fünf Plätze. Zuerst wollte sie ihm die Kassiererin nicht geben, doch da sagte der Granitblock bloß „oho“, und schon hatte er die Billette. Er hatte erste Reihe gelöst, weil er seine Brille vergessen hatte. Als sich der Granitblock auf seine fünf Plätze setzte, krachten gleich alle Armlehnen zusammen, und dann fing das Vorprogramm an. Der Granitblock schaute interessiert zu und bestellte in der Pause zehn Eiscrèmes, die er sofort hinunterschluckte. Jetzt fing der Hauptfilm an, und der Granitblock amüsierte sich sehr. Da er an Humor nicht gewöhnt war, mußte er schon über jede Kleinigkeit lachen, zum Beispiel, wenn eine Tante zur andern sagte, na, altes Haus? Er schlug sich auf die Schenkel und lachte, daß das ganze Kino zitterte und die Leute durch die Notausgänge flüchteten. Als dann eine Tante der anderen mit dem Schirm eins über den Kopf haute, war der Granitblock nicht mehr zu halten. Er hüpfte jaulend auf und ließ sich auf seine Sessel plumpsen, die sogleich zusammenbrachen, und damit nicht genug, stürzte er durch den Boden des Kinos in einen Keller und konnte den Rest des Films nicht mehr ansehen. Das Kino wurde vorübergehend geschlossen, der Granitblock mußte mit einem Lastwagen in seinen Park zurückgebracht werden, und heute langweilen sich schon alle Spatzen, wenn er wieder mit seiner Geschichte von den Tanten kommt und kichernd erzählt, wie eine zur andern gesagt hat, na, altes Haus.

Kurzprosa der Gegenwart. Hg. Steinbach, Dietrich. Stuttgart: Ernst Klett Schulbuchverlag 1991, S. 53

Arbeitsauftrag

Interpretieren Sie den Text.

- Erschließen Sie den Sinngehalt.
- Verdeutlichen Sie den Zusammenhang von inhaltlicher und formaler Gestaltung.

Lösungsvorschlag

Der Arbeitsauftrag fordert von Ihnen die Interpretation eines epischen Textes. Er wird durch zwei Teilaufträge konkretisiert: Sie sollen den Sinngehalt erschließen und den Zusammenhang von inhaltlicher und formaler Gestaltung verdeutlichen. Bei einem Prosatext geringen Umfangs sollte man zunächst immer die Textsorte bestimmen. Bei „Der Granitblock im Kino" handelt es sich um einen parabolischen Text. Das erkennt man vor allem an der völlig irrealen Handlung, in der ein aus einem öffentlichen Park stammender Granitblock mit vielen menschlichen Eigenschaften ausgestattet ist und wie ein Mensch agiert. Sie sollten im Rahmen der Interpretation zunächst den Bildbereich, also den Inhalt des Textes genau beschreiben. Da das gesamte dargestellte Geschehen als irreal einzustufen ist, können Sie den Sinngehalt, also das Gemeinte, nur durch Auflösung der Elemente des Bildbereichs, d. h. durch Übertragung auf den Sachbereich, erschließen. Hierfür gibt es im Einzelfall meist mehrere Möglichkeiten. Dies macht im Wesentlichen die Mehrdeutigkeit einer Parabel aus. Eine zu eindeutige Zuordnung von Bild- und Sachbereichselementen führt oft zu Fehldeutungen und sollte daher vermieden werden.
Den Zusammenhang von inhaltlicher und formaler Gestaltung arbeiten Sie durch die Analyse der Erzählsituation und einzelner sprachlicher Gestaltungselemente heraus. Eine begründete Bewertung des Textes schließt den Aufsatz ab.

Einleitung

Der Text „Ein Granitblock im Kino" des 1943 geborenen Autors Franz Hohler verwirrte und verunsicherte mich beim ersten Lesen in starkem Maße. Das lag vielleicht an der unrealistischen Handlung: Ein Granitblock aus einem öffentlichen Park besucht den Kinofilm „Zwei Tanten auf Abenteuer" und stört dabei die anderen Kinobesucher durch sein ungewöhnliches Verhalten. Aber auch die menschlichen Eigenschaften des Granitblocks wirken in ihrer Kombination verwirrend. Diese Anlage des Textes deutet darauf hin, dass es sich um eine Parabel handelt. Die Sinnerschließung verlangt daher die Beantwortung der Frage, was mit der Figur des Granitblocks und mit der irrealen Handlung gemeint sein könnte.

Hauptteil
Handlung

Das Geschehen des Textes wird aus der Sicht eines auktorialen Erzählers dargestellt, der allerdings fast nicht bewertet, sondern weitgehend neutral den Kinobesuch des Granitblocks beschreibt. Als Handlungsort kann man eine größere Stadt annehmen, da von einem öffentlichen Park und einem Kino die Rede ist. Die eigentliche Handlung erscheint gleichzeitig banal und irreal. Ein Granitblock entschließt sich, eine Kinovorstellung zu besuchen.

An der Kasse werden ihm zunächst die fünf Eintrittskarten verwehrt, die er wegen seiner Körperfülle benötigt. Ein einfaches, aber offensichtlich bedrohlich wirkendes „Oho“ des Blocks reicht allerdings aus, um die Kassiererin zur Herausgabe der Karten zu bewegen. Während der Filmvorführung verhält sich der Granitblock sehr auffällig. Er zerstört beim Hinsetzen die Armlehnen seiner Stühle, er schluckt zehn Portionen Eis gleichzeitig hinunter und er muss über jede Kleinigkeit laut lachen. Da durch dieses Verhalten des Granitblocks das Kino erschüttert wird, flüchten die anderen Kinobesucher. Schließlich bricht er unfreiwillig durch den Fußboden des Kinos in den Keller durch, als er sich lachend in seine Sessel zurückfallen lässt, die ebenso wie der Boden dieser Belastung nicht standhalten. Der Vorfall führt zur Schließung des Kinos, weil man den Granitblock aus dem Keller bergen und mit einem LKW in den Stadtpark zurückbringen muss. Das Erlebnis bleibt dem Granitblock dauerhaft in positiver Erinnerung, immer wieder langweilt er die Spatzen im Park mit seiner Erlebniserzählung.

Charakterisierung des Granitblocks

Im nächsten Teil sollen wesentliche Eigenschaften des Granitblocks als Hauptfigur der Parabel herausgestellt werden, es soll eine Charakteristik entstehen. Sein gewöhnlicher Aufenthaltsort scheint die öffentliche Grünanlage zu sein, einen festen Wohnsitz in einem Haus oder einer Wohnung hat er nicht. Das ist insofern bemerkenswert, als andere Eigenschaften der Figur sehr menschlich wirken. So verfügt er nur über wenig Geld, wie sein langes Sparen auf den Kinobesuch zeigt (vgl. Z. 1 f.). Er kennt minimale Verhaltensregeln, z. B. dass man sich eine Eintrittskarte kaufen muss. Allerdings verstößt er auch oft gegen simpelste Normen, er lacht laut und ungehemmt, er verschluckt mehrere Portionen Eiscreme gleichzeitig und zerstört die Einrichtung des Kinos. Der Granitblock verhält sich sehr undistanziert zu seiner Umgebung und weiß offensichtlich nicht, dass die erste Reihe im Kino der schlechteste Platz ist. Dass er seine Brille vergessen hat, zeigt sein planloses Handeln. Die Peinlichkeit seines Kinoerlebnisses wird ihm nicht bewusst, denn er erzählt noch längere Zeit danach begeistert davon. Die Menschen im Kino scheinen ihn abzulehnen und ergreifen wegen seines rohen und auch angsteinflößenden Verhaltens die Flucht. Schließlich muss der Granitblock von einem Lastwagen abtransportiert werden. Insgesamt verhält er sich naiv und von der Drohgebärde gegenüber der Kassiererin abgesehen friedlich.

Die Auflösung des zentralen Bildes in Franz Hohlers Text erscheint mir aufgrund der genannten Eigenschaften der Figur durchaus möglich zu sein. Es handelt sich vielleicht um einen Menschen, der nur wenig Ansehen genießt, der weitgehend mittellos im öffentlichen Park, also im öffentlichen Raum lebt. Trotzdem wirkt die Figur in ihrer Unmittelbarkeit und Naivität sympathisch. Das eher ablehnende Verhalten der anderen Kinobesucher gegenüber dem Granitblock wird beschrieben, der Granitblock scheint gesellschaftlich eher isoliert zu sein. Ob der Autor neben dem unangepassten Verhalten der Hauptfigur auch das ablehnende Verhalten der „Normalbürger" kritisieren will, bleibt offen und der Bewertung des Lesers überlassen. Auf alle Fälle thematisiert Franz Hohler das Verhältnis der Bevölkerungsmehrheit zu einem Sonderling und Exzentriker. Meiner Meinung nach kritisiert Franz Hohler die Verhaltensweisen aller Beteiligten mit einem freundlichen Humor. Sinngehalt

Satzbau und Wortwahl des kurzen Textes wirken insgesamt recht einfach und gut verständlich. Diese verständliche Gestaltung steht im Dienste der Lehrhaftigkeit, die für Parabeln typisch ist. Der Erzähler spricht jedoch deutlich komplizierter, als man es von seiner Hauptfigur vermuten darf (vgl. seine Äußerung „oho", Z. 5), und distanziert sich damit von dieser. Öfter trägt er durch Erklärungen (vgl. z. B. Z. 10 ff.) dazu bei, dass der Leser die Handlung besser nachvollziehen kann. Ab und zu werden Ausdrücke verwendet, die vom Granitblock selbst stammen oder stammen könnten: z. B. „oho" (Z. 5) als direkte Rede, „krachten [...] zusammen" (Z. 7), „haute" (Z. 14) und „plumpsen" (Z. 15). Diese umgangssprachlichen Ausdrücke veranschaulichen das Plumpe im Verhalten des Granitblocks. Seine Naivität wird an seiner Reaktion auf das banale Filmzitat „na, altes Haus" (Z. 12 und 22) deutlich, dessen zweifache Verwendung das Hauptgeschehen einzurahmen scheint. Lustig wirken Formulierungen wie „zehn Eiscremes, die er sofort hinunterschluckte" (Z. 8 f.). Die „Spatzen" (Z. 20) wecken Assoziationen zu den sprichwörtlichen Spatzen, die alles von den Dächern pfeifen. Im vorliegenden Fall sind aber nicht die Spatzen selbst die Langweiler, sondern der Granitblock, der wieder und wieder von seinem Kinoerlebnis berichtet. Gestaltungsmittel

Aus meiner Sicht ist „Der Granitblock im Kino“ ein sehr gelungener, amüsanter und zugleich kritischer Text. Er untersucht typische Verhaltensweisen von Mitgliedern verschiedener Schichten und stellt diese einander kontrastierend gegenüber. Dabei bezieht er keine eindeutige Position, sondern hält allen Beteiligten den Spiegel vor und erreicht so das Nachdenken über eigene Wertvorstellungen und Verhaltensnormen. **Schluss**

Sächseln erlaubt?

Material 1: Diagramm und Karikatur

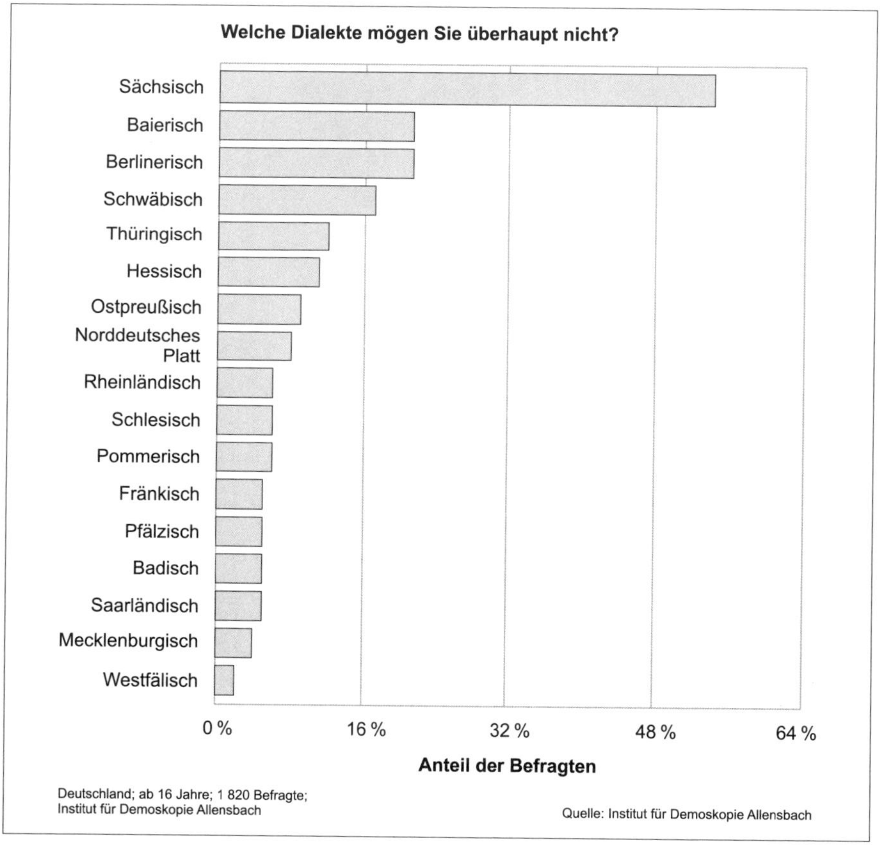

Quelle: http://de.statista.com/statistik/daten/studie/109/umfrage/unbeliebte-dialekte

picture-alliance / dpa

Warum eigentlich unsympathisch? „Nu, mir gönn!“ ist die sächsisch kreative Übersetzung des Obama-Wahlspruchs „Yes, we can.“

Material 2: Zeitungsbeiträge (Z)

Z 1: Focus-Schule/1 (2006), 01. 02. 2006
Oliver Rezec: Macht Dialekt gescheit?

[…]

Je früher Kinder neben ihrem Dialekt auch mit dem Standarddeutschen Bekanntschaft machen, desto besser: Bis zum dritten oder vierten Lebensjahr lernen sie mühelos zwei Sprachsysteme gleichzeitig – egal, ob nun Deutsch und Griechisch oder Hochdeutsch und Pfälzisch. Zweisprachig aufgewachsene Kinder tun sich später auch beim Erlernen neuer Sprachen leichter […]. Diesen Lernvorteil haben auch junge Dialektsprecher, und zwar umso mehr, je stärker ihr Dialekt vom Hochdeutschen abweicht.

Der Dialekt selbst kann den Schülern also sogar mehr Nutzen als Nachteile bringen – das Problem sind vielmehr die Vorurteile der Zuhörer. Fast jeder Mundartsprecher kann von ähnlichen Erlebnissen berichten wie die 17-jährige Stefanie Fröde aus dem sächsischen Neukirch: Die Gymnasiastin, aufgewachsen in der Oberlausitz, musste sich in Mecklenburg-Vorpommern schon die Frage gefallen lassen: „Kannst du denn nicht ordentlich reden?“

Einige Berühmtheit erlangte auch der Zweitklässler Florian aus Otterfing, dem seine Lehrerin ins Zeugnis schrieb, er habe „Probleme, sich verständlich auszudrücken, da er zu Hause nur bairisch“ rede. Die Schule entschied später zwar, die Bemerkung zu streichen – doch das Vorurteil, das in diesem Satz steckt, ist weit verbreitet: Dialekte werden oft nur als eine schludrige Abart des Hochdeutschen gesehen. Blanker Unsinn, halten Sprachwissenschaftler dagegen: Die Mundarten seien eigenständige, voll funktionsfähige Sprachsysteme und keinesfalls „kaputtes Deutsch“. In Wahrheit ist eher das Hochdeutsche eine Abart der Dialekte: Aus ihnen ist es nämlich vor rund 300 Jahren entstanden. Vorher sprach jeder Dialekt, es gab nichts anderes. […]

„Urteile über Dialekte sind nie Urteile über Sprache, sondern über Sprecher.“ Das Sächsische etwa, heute in Umfragen als bundesweit unbeliebtester Dialekt gebrandmarkt, galt einst als wohlklingend und angesehen: Damals saß die kurfürstliche Kanzlei in Meißen, und ihre Amtssprache war Vorbild für jeden, der etwas auf sich hielt. Luther fand, „die sächsische Sprache gehet fein leise und leicht ab“. Sächsisch als Ohrenschmaus – alles eine Frage der Mode.

[…]

nach: htttp://www.focus.de/schule/lernen/forschung/wissen-macht-dialekt-gescheit_aid_231552.html (abgerufen am 01. 03. 2011)

Z 2: Leipziger Volkszeitung, 16. 09. 2010
Stefan Hantzschmann: Sächseln an der Penne erlaubt

Gymnasiasten in der Region sollen Hochdeutsch beherrschen und Sächsisch pflegen

Motschekiepchen (Marienkäfer), dickschen (beleidigt sein) und mähren (bummeln) sind für Menschen, die den sächsischen Dialekt nicht beherrschen, völlig unverständlich. Im Berufsleben kann ein starker Dialekt der Karriere schaden – aber nicht zwangsläufig. Diese Zeitung hat einmal in mittelsächsischen Gymnasien nachgefragt, wie mit Sächsisch im Unterricht umgegangen wird.

„Wir müssen Wert darauf legen, dass die Schüler besonders in Referaten Hochdeutsch sprechen", erklärt Bernd Zimmermann, stellvertretender Leiter eines Beruflichen Schulzentrums. Bei den Prüfungen müssen die Schüler verstanden werden. Für eine Leitlinie, die den Umgang mit dem Dialekt an Schulen regelt, sieht er allerdings keine Notwendigkeit. „Wir sind ja nicht dümmer, nur weil wir sächsisch reden. An Grundschulen wäre das schon sinnvoller, weil die Kinder schreiben lernen", so Zimmermann.

Bisher gibt es vom Sächsischen Staatsministerium für Kultus und Sport keine Vorgabe. „Unser Leitspruch ist: Hochdeutsch beherrschen – sächsisch können", erklärt eine Sprecherin des Ministeriums. Wer Hochdeutsch beherrsche, dürfe auch in der Schule sächseln. An dieser Vorgabe orientiert sich auch das Lessing-Gymnasium in Döbeln: „Wir bemühen uns, im Unterricht hochdeutsch zu reden. Aber wir wollen auch unsere Wurzeln nicht vergessen, und es kommt beim Dialekt sprechen immer auf das Gegenüber an", meint Schulleiter Gerd Becker. Bei Bewerbungsgesprächen muss der sächsische Dialekt nicht unbedingt ein Nachteil sein. Der Pressesprecher der Agentur für Arbeit in Oschatz weiß, worauf Firmenchefs im Gespräch achten: „Arbeitgeber legen da eher Wert auf den Inhalt und einzelne Verhaltensweisen, wie Höflichkeit. Wer sich da zu sehr auf ein dialektfreies Sprechen konzentrieren muss, wird wahrscheinlich inhaltlich Abstriche machen müssen". In Hartha und Umgebung wird bekanntlich ein besonderes Sächsisch gesprochen. „Das führt auch zu grammatischen Fehlern beim Sprechen. Aus ‚Wir gingen an den Bach', wird dann, ‚Wir gingen an die Bach'", erklärt Torsten Kittler, Fachleiter Deutsch am Gymnasium Hartha.

Deshalb müsse er oft Hinweise geben, sich der Hochsprache zu bedienen. Obwohl Dialekt in Sachsen häufig gesprochen wird, ist das Lesen des Dialekts nicht ganz so einfach. „Es fällt den Schülern schwer, sächsisch zu lesen, zum Beispiel bei Balladen", erzählt Kittler. Den Dialekt ganz aus dem Unterricht zu verbannen, hält er für kaum umsetzbar. „Ich kann als Deutschlehrer auch nicht sagen, dass ich völlig ohne Dialekt spreche", gesteht er.

(Personennamen z. T. geändert)

nach: E-Paper-Ausgabe der Leipziger Volkszeitung, 16. 09. 2010 (abgerufen am 17. 09. 2010)

Z 3: Zeit online, 01. 10. 2010
Thomas Brussig: Ihr Rastlosen. Dialektik eines Völkchens: Die Sachsen als Deppen und Musterschüler

Vielleicht sollte ich mich endlich mal bei den Sachsen entschuldigen, denn als Drehbuchautor habe ich ihnen immer wieder unrecht getan. Sachsen stellen eine Versuchung dar, der ich nur schwer – und oft gar nicht – widerstehen kann. Es funktioniert ganz einfach: Auftritt eines Schauspielers. Wenn er den ersten Satz berlinert, weiß der Zuschauer: Ah, die Großfresse! Wenn er den ersten Satz schwäbelt, denken wir: Igitt, ein kleinkarierter Spießer. Wenn aber der erste Satz gesächselt wird, jubeln wir innerlich auf: Jetzt gibt's was zu lachen, denn wir kriegen einen richtigen Deppen serviert.
Dabei sind die Sachsen mittlerweile Deutschlands Musterschüler, zumindest, wenn man den Statistiken glaubt. Der „Bildungsmonitor" sieht Sachsens Schüler vorn, eine vorbildliche Haushaltsdisziplin sorgt für Schuldenabbau, und in keinem anderen Bundesland arbeiten anteilig so viele Hochqualifizierte. Aber wenn der Dialekt ins Spiel kommt, ist das alles vergessen. Es wäre Frevel, wenn ein Drehbuchautor (oder Schauspieler) ein solches Geschenk nicht annehmen würde. […]

Quelle: Die Zeit, Nr. 40, 30. 9. 2010

Arbeitsauftrag

Im Deutschunterricht Ihrer Klasse wird darüber diskutiert, ob das Sprechen im Dialekt gepflegt werden sollte.

1. Arbeiten Sie aus dem vorliegenden Material stichpunktartig Gründe heraus, die für bzw. gegen das Sprechen im Dialekt benannt werden.
2. Entwerfen Sie auf der Grundlage eigener Erfahrungen und unter Nutzung des vorgelegten Materials einen Redebeitrag, in dem Sie sich dafür einsetzen,
   - dass das Sprechen im Dialekt gefördert werden soll.
   - dass das Sprechen im Dialekt nicht gefördert werden soll.

   (Entscheiden Sie sich für eine Möglichkeit.)

Die Aufgaben sind separat zu lösen. Den Schwerpunkt bilden die Ausführungen zu Aufgabe 2.

Lösungsvorschlag

Für die Lösung der Aufgabe, deren Schwerpunkt auf Teilaufgabe 2 liegt, wurde Ihnen umfangreiches Material in Form von bildlichen Darstellungen und Textbeiträgen zur Verfügung gestellt. Es ist nicht erforderlich, sämtliches Material bei der Lösung zu verwenden, stattdessen gilt es eine Auswahl zu treffen. Dies zeigt sich schon beim ersten Arbeitsauftrag: Sie sollen nicht etwa die Inhalte der Textbeiträge zusammenfassen, sondern vielmehr in Form von Stichpunkten Argumente herausarbeiten, die für oder gegen das Sprechen im Dialekt stehen. Es ist sinnvoll, die unterschiedlichen Argumente mit verschiedenfarbigen Textmarkern im Arbeitsmaterial zu kennzeichnen. Die Stichpunkte der Aufgabenlösung sind sprachlich möglichst eigenständig zu formulieren. Damit vermeiden Sie den Eindruck, dass Sie nur abgeschrieben haben.

Sammlung von Argumenten

Argumente **für** das Sprechen im Dialekt:
- Vorteile für Dialektsprecher beim Fremdsprachenerwerb
- Dialekte als gut funktionierende, lange überlieferte Sprachsysteme
- Dialekte als ursprüngliche Kommunikationsmittel
- der Dialekt als bewahrenswertes Element der lokalen Tradition
- Verstärkung der inhaltlichen Glaubwürdigkeit bei Dialektsprechern
- origineller Wortschatz bei Dialektsprechern

Argumente **gegen** das Sprechen im Dialekt:
- Vorurteile gegenüber Sprechern des sächsischen Dialekts, besonders außerhalb von Sachsen
- Benachteiligung im Beruf
- Missverständnisse im Gespräch mit Partnern, die den Dialekt nicht beherrschen
- häufigeres Auftreten von orthografischen Fehlern und Grammatikfehlern bei Dialektsprechern
- Sprecher des sächsischen Dialekts als „Deppen“ in der öffentlichen Meinung

Der Aufgabenstellung gemäß stellt der Arbeitsauftrag 2 die Hauptaufgabe dar. Vom Aufgabentyp her liegt die Variante des „Adressatenbezogenen Schreibens“ vor. Auf den Seiten 49 bis 56 gibt es eine ausführliche Aufgabe mit Musterlösung, diese Übungsaufgabe hat viele Ähnlichkeiten mit der hier vorliegenden Prüfungsaufgabe.

Die Aufgabenstellung verlangt, dass Sie für eine Diskussion des Themas „Dialektsprechen“ in Ihrer Klasse einen Redebeitrag für oder gegen die Verwendung von Dialekten entwerfen. Durch die Aufgabenstellung selbst ist die prinzipiell mögliche neutrale Haltung zum Problem ausgeschlossen. Für die Lösung stehen Ihnen zwei bildliche Darstellungen und drei Zeitungstexte unterschiedlicher Länge und Machart zur Verfügung. Aus diesen Materialien können Sie neben den Argumenten, die Sie in Teilaufgabe 1 herausgearbeitet haben, auch Sachaussagen für Ihre Rede ermitteln oder Ideen ableiten. Sie können aber auch eigene Gedanken und Erfahrungen in die Lösung einbeziehen. Wichtig ist, dass Sie sich auf eine Meinung festlegen.

Bei einem solchen Redebeitrag sollten Sie durch geeignete Inhalte und sprachliche Gestaltungsmittel Ihre Zuhörerinnen und Zuhörer ansprechen und interessieren. Das Ziel einer solchen Rede ist es, das Publikum zu überzeugen. Auch informierende Textpassagen dienen diesem übergeordneten Ziel.

Anrede und Hinführung

Liebe Mitschülerinnen und Mitschüler,
seit einiger Zeit erhitzt das Thema „Sprechen im sächsischen Dialekt – Ja oder Nein“ unsere Gemüter im Deutschunterricht. Unser geliebtes Sächsisch gehört neben Bayrisch und Berlinerisch zu den unbeliebtesten deutschen Dialekten, es übertrifft sogar die anderen beiden Sprachvarianten um mehr als das Doppelte hinsichtlich seiner Unbeliebtheit. Kann man vor diesem Hintergrund tatsächlich die Meinung vertreten, dass unser Dialekt gepflegt und gefördert werden muss? Dieser Frage werde ich nun nachgehen, um auf dieser Grundlage ein begründetes Urteil fällen zu können.

Dialekt an unserer Schule

In den letzten Wochen habe ich mich auf dem Schulhof und im Schulbus umgehört, weil ich wissen wollte, wer wie stark Dialekt spricht. Mir ist dabei aufgefallen, dass es große Unterschiede zwischen einzelnen Schülern gibt. Früh im Schulbus hört man vor allem von den Jüngeren vieles, was erzgebirgisch oder vogtländisch klingt. Allerdings sind mir angeblich so typische sächsische Wörter wie „Motschekiepchen“, „dickschen“ und „mähren“ nicht aufgefallen. Bei uns sagt auch niemand „de Bach“, in meinem Heimatort heißt es „dr Bach“. Die Schüler der Klasse 11 haben sich beim Tag der Naturwissenschaften darum bemüht, ihre Referate auf Hochdeutsch zu halten. Viele ältere Mädchen geben sich intensiv Mühe, nicht vogtländisch zu klingen. Manchen fällt das sehr leicht. Bei den Lehrern ergibt sich ein ähnliches Bild. Unsere Physiklehrerin habe ich gefragt, warum sie immer Hochdeutsch spricht. Sie sagte mir, dass sie in Magdeburg aufgewachsen ist und dass sie sich im Dialekt blamieren würde, weil sie ihn gar nicht kann. Bei unserem Deutschlehrer Herrn Meinel hört dagegen jeder, dass er in Klingenthal wohnt. Das hat aber nach meiner Wahrnehmung keine negativen Auswirkungen auf seinen Unterricht.

Vorteile des Dialekts

Worin bestehen nun aber wirklich greifbare Vorteile des Sprechens im Dialekt? Ihr erinnert euch sicher an den Artikel aus der Zeitschrift Focus-Schule, den wir vor einiger Zeit besprochen haben. Demzufolge müssten in Sachsen die dialektsprechenden Kinder und Jugendlichen Vorteile beim Lernen von Fremdsprachen haben. Der zweisprachig Aufwachsende, also auch der, der Hochdeutsch und Vogtländisch spricht, könnte sich dann in das neue Sprachsystem einer Fremdsprache schneller hineindenken. Ob das stimmt, kann ich nicht wirklich beurteilen. Dazu fehlen mir die Vergleichsmöglichkeiten. In meinem Heimatort ist mir aufgefallen, dass vor allem ältere Menschen freundlicher und netter zu mir sind, wenn ich stärker Dialekt spreche. Mein Opa hatte mich auch schon einmal mit der Bemerkung „Du sprichst aber vornehm!" kritisiert. Bei ihm klang das übrigens ganz anders, etwa so: „Du reddst obar heit widder nobel." Man muss meiner Meinung nach beim Sprechen auch immer den beachten, mit dem man sich gerade unterhält. Manche mögen den Dialekt, andere lehnen ihn als Sprachverhunzung ab. Die letzte Behauptung kann allerdings nicht stimmen, denn wir haben alle gelernt, dass es ursprünglich nur Dialekte gab, und die können ja nicht alle verhunzt gewesen sein.

Nachteile des Dialekts

Es gibt aber sicher auch Situationen, in denen der Dialekt unangemessen und unpassend wirkt. Das betrifft fast den gesamten Bereich der Schriftsprache, von ein paar Mundartbüchern mit Weihnachtsgeschichten und -gedichten einmal abgesehen. Ein Bewerbungsschreiben auf Sächsisch – da kann man sich das Papier sparen. Auch in größeren Städten und im Beruf wird heute wahrscheinlich nur noch wenig Dialekt gesprochen. Meine Schwester studiert seit drei Jahren in Leipzig, sie spricht so hochdeutsch, dass sie ihren vogtländischen Dialekt schon fast vergessen hat. Ich habe sie nach dem Grund gefragt. Sie zuckte mit den Achseln und meinte, fast alle Studenten würden so sprechen. Und an der Uni würden auch alle Professoren und Dozenten hochdeutsch reden. Sächsische Laute hört man dagegen öfter in der Straßenbahn oder beim Bäcker um die Ecke. Irgendwelche Verständnisprobleme habe es bei ihr nie gegeben. Könnt ihr euch übrigens noch erinnern, als wir im siebenten Schuljahr „Dr Zauwerlährling“ von der Leipziger Goethe-Nachdichterin Lene Voigt rezitieren sollten? Keiner hat diese Aufgabe so richtig gut lösen können, und einigen war sie sogar peinlich. Sächsisch in Leipzig oder Dresden klingt eben auch ziemlich anders als unsere erzgebirgischen und vogtländischen Laute.

Zusammenfassung

Einen Dialekt lernt man im Elternhaus, bei den Großeltern, im Kindergarten oder von den Nachbarn. Wenn dort kaum Dialekt gesprochen wird, dann beherrscht man eben diese Sprachform nicht, was sicher kein Beinbruch ist. An unserer Schule wird darauf geachtet, dass wir hochdeutsch und verständlich sprechen. Manche Lehrer achten stärker darauf, manche Lehrer in geringerem Maße. Einen Aufsatz auf Sächsisch kann sowieso niemand schreiben, das wäre auch unangemessen. Im späteren Berufsleben kommt es darauf an, in welcher Umgebung man arbeitet und mit wem man beruflich sprechen muss. Die meisten von uns haben vor zu studieren, und ich denke, dass wir uns das Vogtländische selbst abgewöhnen werden, weil wir uns nicht blamieren wollen. Mein Fazit lautet also: Dialekt sprechen ja – wo es angemessen ist und wenn man den Dialekt beherrscht. Dialekt fördern – eindeutig nein. In Leipzig könnte man vielleicht „Nu, mir gönn, aber mir müssn nisch!“ sagen.

Christa Reinig (1926–2008): Fische (1968)

Ein Fisch biß in einen Angelhaken. Was flatterst du so hektisch herum? fragten ihn die anderen Fische. Ich flattere nicht hektisch herum, sagte der Fisch an der Angel, ich bin Kosmonaut und trainiere in der Schleuderkammer. – Wers glaubt, sagten die anderen Fische, und sahen zu, wie es weitergehen sollte. Der Fisch an der Angel erhob sich und flog in hohem Bogen aus dem Wasser. Die Fische sagten: Er hat unsere Sphäre verlassen und ist in den Raum hinausgestoßen. Mal hören, was er erzählt, wenn er zurückkommt. Der Fisch kam nicht wieder. Die Fische sagten: Stimmt also, was die Ahnen uns überliefert haben, daß es da oben schöner ist, als hier unten. Ein Kosmonaut nach dem anderen begab sich zum Training in die Schleuderkammer und flog in den Raum hinaus. Die Kosmonauten standen in Reih und Glied und warteten, bis sie drankamen. Am Ufer saß ein einsamer Angler und weinte. Einer der Kosmonauten sprach ihn an und fragte: O großer Fisch, was weinst du, hast du auch gedacht, daß es hier oben schöner ist? – Darum weine ich nicht, sagte der Angler, ich weine, weil ich niemandem erzählen kann, was hier und heute geschieht. Achtundfünfzig in einer Stunde und kein Zeuge weit und breit.

In: Christa Reinig, *Orion trat aus dem Haus. Neue Sternbilder.*
Düsseldorf: Eremiten-Presse, 1968, S. 39.

Arbeitsauftrag

Interpretieren Sie den Text.

- Erschließen Sie dabei den Inhalt und die Aussage des Textes.
- Charakterisieren Sie die Handlungsträger und zeigen Sie, wie inhaltliche und sprachliche Gestaltung zusammenwirken.

Lösungsvorschlag

Das Thema 1 verlangt von Ihnen die Interpretation eines epischen Textes. Zur allgemein formulierten Aufgabe „Interpretieren Sie den Text“ erhalten Sie zwei Teilaufgaben mit einer entsprechenden Schwerpunktsetzung auf das Erschließen von Inhalt und Aussage des Textes sowie die Charakterisierung der Handlungsträger. Außerdem bekommen Sie den Hinweis, bei Ihrer Interpretation das Zusammenwirken von inhaltlicher und sprachlicher Gestaltung aufzuzeigen.
Wichtig ist die Erkenntnis, dass es sich bei „Fische“ von Christa Reinig um einen epischen Text handelt, der Merkmale der Fabel und der Parabel in sich vereint. Das erkennen Sie unschwer daran, dass die Fische mit Sprache und Vernunft ausgestattete Wesen sind, deren Tun sich auf menschliches Handeln beziehen lässt. Die Besonderheit der Parabel liegt in der Notwendigkeit, bei der Deutung die Ebene, auf der die Handlung spielt (Bildebene), zu verlassen und auf die Sachebene zu übertragen. Dabei werden sich Ihnen verschiedene Aspekte des Sinngehalts erschließen und Sie werden den lehrhaften Charakter des Textes erkennen.

Einleitung
Übersichtsinformationen und Kern des Textes

Beim Lesen des sehr kurzen epischen Textes „Fische“ (1968) von Christa Reinig musste ich sofort an die Gattungsform Fabel denken, in der Tiere wie Menschen sprechen und handeln. Hier sind es Fische, die einem Angler ein unvorstellbares Anglerglück verschaffen, da sie einem Irrglauben folgen, der am Ende ihr Untergang ist.

Hauptteil
Knappe Inhaltsangabe

Ein an einem Angelhaken hängender Fisch behauptet seinen Artgenossen gegenüber, dass er nicht an der Angel flattere, sondern für einen Weltraumaufenthalt trainiere. Als er gleichsam aus dem Wasser fliegt und nicht zurückkehrt, werten dies die anderen Fische als Beleg für die Wahrheit der Geschichten ihrer Ahnen, die von einem schöneren Leben an einem anderen Ort erzählten. Bereitwillig lassen sie sich ebenfalls fangen und bringen den Angler damit zum Weinen, da niemand glauben wird, dass er in einer Stunde achtundfünfzig Fische gefangen hat.

Charakteristik der Handlungsträger
Die Fische

Der Fisch, der als Erster an der Angel hängt, antwortet auf die Frage der anderen Fische, „Was flatterst du so hektisch herum?“ (Z. 1), selbstsicher und für die anderen nicht nachprüfbar, dass er ein Kosmonaut sei und sich in einer Schleuderkammer befinde. Es stellt sich die Frage, ob er seine gefährliche Situation wirklich derartig unterschätzt oder ob er, wie es vielleicht seine Art ist, sich als etwas Besonderes hervorheben will, indem er sich als Kosmonaut bezeichnet. Auf jeden Fall wird er das erste

Opfer des Anglers und für die anderen Fische nach anfänglicher Skepsis („Wers glaubt", Z. 3) zum nachahmenswerten Vorbild. Diese hinterfragen nicht die Behauptung des ersten Fisches, sondern vertrauen blind darauf, dass es außerhalb ihrer Welt über dem Wasser ein erstrebenswerteres Leben gibt, von dem schon ihre Ahnen berichtet haben. Also stellen sie sich an, um ebenfalls Kosmonaut zu werden, und warten so auf den sicheren Tod.

Der Angler

Der Angler indes kann sein Glück gar nicht fassen, aber anstatt sich unbeschwert zu freuen, beherrscht ihn nur ein Gedanke: „[…] ich weine, weil ich niemandem erzählen kann, was hier und heute geschieht. Achtundfünfzig in einer Stunde und kein Zeuge weit und breit." (Z. 14 ff.) Er ist traurig, weil niemand da ist, der ihn bewundert. Sein Erfolg wäre erst durch Bewunderer von wirklichem Wert. Insofern erscheint er hier abhängig von der Wahrnehmung anderer, da ihm deren Aufmerksamkeit wichtiger ist als das Anglerglück selbst.

Zusammenwirken sprachlicher und inhaltlicher Gestaltung

Christa Reinig verwendet einen vorwiegend parataktischen Satzbau, d. h. ihr Text ist stark von Hauptsätzen geprägt. Die einfache Sprache des Textes zeigt sich beispielsweise in den die wörtliche Rede markierenden Verben: Statt abwechslungsreicherer Verben benutzt die Autorin fast ausschließlich die Worte „sagen" und „fragen" (vgl. Z. 1 f., 4–6, 8, 12, 14). So steht die sprachliche Gestaltung im wirksamen Gegensatz zur eigentlich dramatischen, für die Fische tödlich endenden Handlung und zur eigenartigen Reaktion des Anglers. Die Handlung ist aufgrund der einfachen Sprache zwar auf den ersten Blick leicht verständlich – die Komplexität der kleinen Geschichte liegt aber darin, dass sie auf die vom Leser zu leistende Übertragung auf den Menschen hin angelegt ist. Der Leser muss bei der Deutung ohne Wertungen des Erzählers auskommen, da dieser sich vor allem auf die Darstellung der Handlung konzentriert. Er lässt dabei die Handlungsträger in direkter Rede zu Wort kommen und ermöglicht dem Leser so einen unmittelbaren Einblick in deren Perspektive. Doch gerade dadurch wird eine Distanzierung zum Verhalten der Handlungsträger bewirkt, da ihre Aussagen und Überlegungen in starkem Kontrast zur Realität (bei den Fischen) bzw. zur erwartbaren Reaktion (beim Angler) stehen. Das wird noch durch die ironischen Züge der Darstellung verstärkt. Diese werden vor allem an der wiederholten Bezeichnung der Fische als Kosmonauten und der Anrede des Anglers mit „O großer Fisch" (Z. 12 f.) deutlich. Aber zum Beispiel auch die Tatsache, dass einer der Fische Mitleid mit dem weinenden Angler hat, anstatt dass der Angler die Fische bemitleidet, denen er den Tod bringt, wirkt ironisierend.

Überleitung mit einer Frage

Worin besteht nun aber der lehrhafte Charakter der Fabel? Welche Moral wird vermittelt? Löst man sich von der Bildebene, der Geschichte von Fischen und einem Angler, und abstrahiert auf einer Sachebene, erkennt man die Nähe zur Parabel und gelangt gleich zu mehreren Deutungsansätzen.

Aussage des Textes

So wird z. B. Leichtgläubigkeit und blindes Vertrauen in jemanden kritisiert, der selbstbewusst auftritt und dadurch ein leichtes Spiel hat, andere hinters Licht zu führen. Aber es geht auch um Hoffnungen und Wünsche nach einem besseren Leben, die unter Umständen bewirken, dass man arglos und unüberlegt leeren Versprechungen folgt. Manchmal ist die Ursache vielleicht eine nicht nachvollziehbare Unzufriedenheit mit dem, was man hat, manchmal der Neid auf das, was andere haben. Diese Unzufriedenheit wird einerseits in der Sehnsucht der Fische, aber andererseits auch beim Angler, der seinen Erfolg beim Angeln nicht genießt, deutlich. Die Autorin des Textes zeigt so, dass alles eine Sache der Perspektive ist: Die Fische verkennen vollkommen den Grund für das Wegbleiben des „ersten Kosmonauten"; sie erhoffen sich in der Welt „da oben" ein Leben, das ihnen aus der Perspektive von „hier unten" (Z. 8 ff.) besser erscheint. Sie werden Opfer einer fatalen Fehlinterpretation. Und der Angler hätte eigentlich Grund zur Freude, ist aber tieftraurig, da er in seiner Einsamkeit (vgl. Z. 12) den Blick nicht auf den Erfolg an sich, sondern auf die fehlende Bewunderung durch andere Menschen richtet.

Schluss mit persönlicher Wertung und weiteren Aktualisierungsmöglichkeiten

Mich fasziniert an Christa Reinigs Text vor allem dessen Mehrdeutigkeit. Nicht zuletzt fällt mir dazu noch eine mögliche Kritik an eitlen Zeitgenossen ein, die sich mit zweifelhaften Erfolgen brüsten und Niederlagen nicht eingestehen können. Auch auf Stars und Möchtegern-Stars, die Öffentlichkeit und Bewunderung brauchen und von denen die Medien täglich berichten, lässt sich der Text beziehen.

Cybermobbing

Material 1: Interview

WDR 2 Der Sender. 20. 06. 2011

WDR 2 | NRW | Politik | Wirtschaft | Panorama | Musik | Unterhaltung | Kultur | Service | Sport | Aktionen | Sendungen | Moderation

Cybermobbing: Jeder dritte Schüler betroffen

EXPERTIN: Schulen haben Cybermobbing als Problem erkannt

Im Auftrag der Techniker Krankenkasse hat Forsa 1 000 Schüler zwischen 14 und 20 Jahren in NRW befragt. […] Stephanie Pieschl hat die erste repräsentative Befragung in NRW zu Cybermobbing mit entwickelt. Sie ist Pädagogische Psychologin an der Westfälischen Wilhelms-Universität Münster und forscht unter anderem über Cybermobbing.

WDR.DE: Frau Pieschl, was ist Ihnen bei der Befragung besonders aufgefallen?

PIESCHL: Mehr als die Hälfte der Mädchen und Jungen, nämlich 57 Prozent, geben an, dass das Thema Cybermobbing in irgendeiner Weise offiziell in der Schule angesprochen wird. Das war vor einigen Jahren noch anders. Lehrer und Schulleiter kannten den Begriff und das Problem gar nicht oder haben es als neue Mode abgetan. Offenbar hat sich das Problembewusstsein nun geändert.

WDR.DE: Wird an Gymnasien weniger gemobbt als an Hauptschulen?

PIESCHL: Das kommt an allen Schulformen fast gleich häufig vor. Nur minimal stärker an Hauptschulen. Auch das wissen wir erst seit dieser Umfrage. Insgesamt war gut jeder dritte Schüler (36 Prozent) schon mal Opfer von Attacken im Netz. Für NRW hochgerechnet sind dies rund 400 000.

WDR.DE: Was ist charakteristisch für Cybermobbing?

PIESCHL: Eine Besonderheit ist die mögliche Verbreitung beispielsweise eines peinlichen Videos oder Fotos: So etwas kann in Sekundenschnelle an alle Mitschüler verschickt werden. Theoretisch ist dies für alle Menschen weltweit sichtbar und das rund um die Uhr. Selbst wenn der Anbieter das Bild löscht, muss es nicht aus der Welt sein: Vielleicht wurde es von jemandem heruntergeladen und kursiert dann immer wieder mal im Netz. Das Opfer kann sich gar nicht zurückziehen und hat keine Kontrolle – vor allem, wenn der Täter anonym bleibt. […]

WDR.DE: Sie haben durch Ihre Arbeit Einblick in die Motive der Täter. Warum sind die Schüler so gemein untereinander?

PIESCHL: Dazu gibt es bisher wenig Forschung und ich kann nur von Einzelfällen berichten. Sehr viele der Täter sehen es als Spaß und haben kein Gefühl für die Konsequenzen. Die sagen beispielsweise: ‚Ich habe das Passwort von jemandem herausbekommen und in seinem Profil etwas geändert. Aber das ist ja nicht schlimm. Das war nur Spaß.'

Es kommt zur Enthemmung, weil in der medial vermittelten Kommunikation die Mimik und Gestik des Gegenübers fehlen. Auf dem Schulhof sieht man, dass der andere etwas nicht will, Angst hat oder sogar weint. All das fällt im Internet weg. Das heißt, man muss sich als Täter schon anstrengen und darüber nachdenken, wie das ankommen könnte. Das macht nun mal nicht jeder. [...]

WDR.DE: Welche Folgen können die Internet-Gemeinheiten für die Opfer haben?

PIESCHL: Die Bandbreite reicht von keinerlei Folgen bei einigen Betroffenen, über emotionale Folgen wie Hilflosigkeit und Verzweiflung bei der Mehrheit, bis zum Zusammenbruch bei wenigen Betroffenen. Nach der Forsa-Umfrage liegen jetzt auch Zahlen über psychosomatische Beschwerden vor. Es sind zwar nur wenig attackierte Schüler, die zugeben, dass sie Schlafstörungen (17 Prozent), Kopfschmerzen (zehn Prozent) oder Bauchschmerzen (acht Prozent) bekommen, aber es sind die ersten dazu erhobenen Zahlen in Deutschland. [...]

Das Interview führte Lisa von Prondzinski.

Quelle: wdr.de – *Aus genehmigungsrechtlichen Gründen weicht dieses Interview in wenigen Details von dem in der Prüfung vorgelegten Text ab.*

Material 2: Lehrer online

Mediale Gewalt

Mobiltelefone sind bei Kindern und Jugendlichen sehr beliebt. Belästigung, Diffamierung und Psychoterror via Handy oder anderen digitalen Medien nennt man Cyberbullying.

Die repräsentative Umfrage im Rahmen des (N)ONLINER Atlas 2008 „Bildung via Internet: Wie vernetzt sind Deutschlands Kinder?“ stellte fest, dass 90 Prozent der Kinder und Jugendlichen zwischen fünf und 15 Jahren in Deutschland einen PC nutzen. Hoch im Kurs stehen bei der Jugend: Internetsuche (45 Prozent), Kommunikation wie Chatten (38 Prozent), Offline-Gaming (45 Prozent), Offline-Lernen (39 Prozent) sowie Online-Lernen (32 Prozent).

Cyberbullying nimmt zu, was ist das?

„Unter Cyberbullying versteht man die Belästigung, Diffamierung oder das Ausüben von Psychoterror via Handy und Internet von Kindern oder Jugendlichen durch Kinder oder Jugendliche. Dabei wird das Opfer mit verfälschten Bildern oder Videos, die im Internet publiziert werden oder über das Handy mit SMS und MMS versendet werden, belästigt und schikaniert. Außerdem setzen die Täter E-Mails und peinliche Bilder, die rundgesendet werden, oder aber gefälschte Profile in Online Communities ein, um ihre Opfer zu plagen und mürbe zu machen. Opfer solcher Attacken leiden oft unter Depressionen und einer Verschlechterung des Selbstwertgefühles, was sich auch auf die schulischen Leistungen negativ auswirken kann“, schreibt die Schweizerische Kriminalprävention in ihrem Ratgeber gegen Cyberbullying.

Wie Eltern oder Lehrpersonen Cyberbullying erkennen können

- **Das Kind als Opfer?**
  Plötzliche Veränderungen in der Gemütsverfassung eines Kindes oder das Abfallen der schulischen Leistungen können Anzeichen für eine Cyberbullying-Attacke sein.
- **Das Kind als Täter?**
  Leitmotto sollte sein: „Was Du nicht willst, dass man dir tut, das füg’ auch keinem anderen zu!“ Sollte ein Kind dennoch zum Täter werden, sollte es nach seinen Gefühlen und Beweggründen befragt werden.

Cyberbullying nimmt zu, was kann man tun?

Hilfe für das Kind als Opfer

- Machen Sie ihm klar, dass es nicht machtlos ist!
- Es gibt immer jemanden, an den es sich wenden kann: beispielsweise Eltern, Großeltern, Geschwister, andere Verwandte, Lehrerinnen und Lehrer, Trainer, Pfarrer oder der Sozialdienst der Schule.
- Wenn es sich wehrt und jemandem anvertraut, besteht die Chance, dass der Täter zur Verantwortung gezogen wird. Täter hinterlassen immer Spuren, die zurückverfolgt werden können.
- Sagen Sie Ihrem Kind, dass Sie ihm helfen, wenn es von anderen belästigt wird.

Helfen Sie dem Kind, wenn es zum Täter geworden ist!

- Sie sollten sich bewusst sein, dass mit den heutigen technischen Möglichkeiten der Polizei fast jeder zu überführen ist.
- SMS oder MMS sind einfach zurückverfolgbar. Auch Blogbeiträge oder Videos in YouTube sind via IP-Adresse ermittelbar!
- Schlagen, Bedrohen, massives Hänseln oder sexuelle Belästigung werden nicht toleriert und können gesetzlich verfolgt werden.
- Grundsätzlich sollten Sie Ihrem Kind erklären, warum es sich nicht an solchen Bullying-Attacken beteiligen soll. Bullying ist **NICHT** cool!

Nach: http://www.lehrer-online.de/mediale-gewalt.php, abgerufen am 12. 01. 2012

Material 3: Diagramm

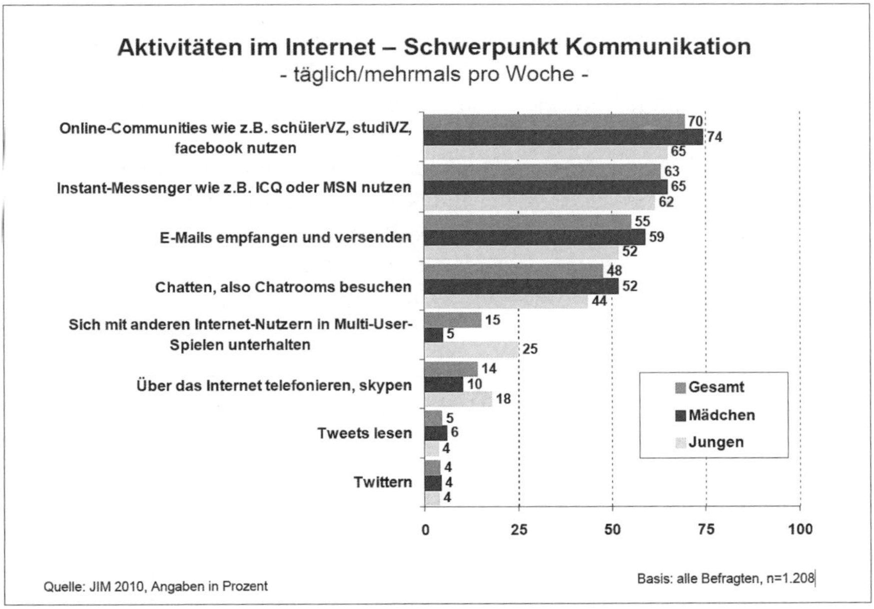

Quelle: Ulrike Karg, Thomas Rathgeb und Sabine Feierabend: JIM-Studie 2010, S. 30.
© Medienpädagogischer Forschungsverbund Südwest (LFK, LMK);
http://www.mpfs.de/fileadmin/JIM-pdf10/JIM2010.pdf

Arbeitsauftrag

Die Ausübung psychischer Gewalt mit Handy und Internet stellt unter den Kindern und Jugendlichen ein großes Problem dar. Angesichts der aktuellen Debatte stehen besonders die Fragen der Prävention und der Hilfe für die Opfer im Mittelpunkt.

1. Stellen Sie aus dem vorliegenden Material stichpunktartig wesentliche Informationen über das Problem der Gewalt in digitalen Medien zusammen.

2. Schreiben Sie anschließend – ausgehend von Ihren Arbeitsergebnissen und unter Einbeziehung Ihrer persönlichen Erfahrungen – einen inhaltlich und sprachlich eigenständigen Artikel für die Schülerzeitung, in dem Sie die Gefahren des Cybermobbings/Cyberbullyings diskutieren.

Die Aufgaben sind separat zu lösen. Den Schwerpunkt bilden die Ausführungen zu Aufgabe 2.

Lösungsvorschlag

Das Thema 2 verlangt von Ihnen adressatenbezogenes Schreiben auf der Basis untersuchenden Erschließens pragmatischer Texte. Dabei bearbeiten Sie mithilfe vorgegebener Materialien eine Problemstellung. Ergebnis der Arbeit ist ein eigenständiger Text.
Aufgrund der Komplexität der Aufgabenart ist eine genaue Analyse der Aufgabenstellung erforderlich. Den eigentlichen Arbeitsaufträgen ist ein kurzer Text vorangestellt, der knapp in das Thema einführt: Es geht um das Problem der Ausübung psychischer Gewalt mit Handy und Internet, das Prävention und Hilfe für die Opfer verlangt. Von den beiden anschließenden Teilaufgaben hat die zweite Aufgabe den Schwerpunkt zu bilden. Teilen Sie sich also die Zeit entsprechend ein.

1. *Die erste Teilaufgabe dient der Vorbereitung der zweiten Teilaufgabe. Dabei sollen Sie aus dem zur Verfügung stehenden Material Informationen zum Thema Gewalt in digitalen Medien auswählen und stichpunktartig zusammenfassen. Sichten Sie dazu das Material: Bestimmen Sie die Textsorte, erfassen Sie die Textinhalte und markieren Sie wesentliche Informationen. Formulieren Sie dann Ihre Stichpunkte weitgehend mit eigenen Worten. Eine Anordnung ist sowohl als Aufzählung, aber auch in einer Tabelle bzw. in Form einer Mindmap etc. möglich.*

Sammlung wesentlicher Informationen aus dem Material (in Stichpunkten)

Material 1
Interview mit Stephanie Pieschl, pädagogische Psychologin an der Westfälischen Wilhelms-Universität Münster
- Grundlage: repräsentative Umfrage der Forsa in NRW 2011 (1 000 Schüler zwischen 14 und 20 Jahren)
- Ergebnis: Cybermobbing als schulartübergreifendes Problem, 36 % der Schüler bereits Opfer
- Täter: z. B. Verbreitung peinlicher Fotos und Videos mit Handy oder Internet, Motiv häufig Spaß
- Opfer: emotionale Folgen wie Hilflosigkeit und Verzweiflung, psychosomatische Beschwerden wie Schlafstörungen, Bauch- und Kopfschmerzen

Material 2
Artikel der Internetseite *Lehrer online* zu medialer Gewalt

Was ist Cyberbullying?
- Belästigung, Verleumdung und Psychoterror mit Handy und Internet

- z. B. durch manipulierte Fotos und Videos, gefälschte Profile in sozialen Netzwerken

Wie erkennt man es?
- Depressionen, Verringerung des Selbstbewusstseins, Verschlechterung schulischer Leistungen bei Opfern

Wie kann man helfen?
- Opfer: Ermutigung, Hilfe zu suchen und anzunehmen; mögliche Ansprechpartner benennen; Erfolgschancen aufzeigen
- Täter: Aufklärung über Folgen, Warnung vor Konsequenzen, Goldene Regel: „Was Du nicht willst, dass man dir tut, das füg' auch keinem anderen zu!“, Klarstellung: „Bullying ist NICHT cool!“

Material 3

Diagramm mit prozentualen Angaben zu Internetaktivitäten von Jungen und Mädchen im Vergleich
- hohes Interesse an Kommunikation via Internet
- große Beliebtheit von sozialen Netzwerken
- Mädchen vergleichsweise aktiver

2. *Die zweite Teilaufgabe, die den Schwerpunkt bildet, verlangt nun das Verfassen eines eigenständigen Artikels für die Schülerzeitung. Darin sollen Sie die Gefahren des Cybermobbings/Cyberbullyings diskutieren. Es bietet sich an, auch die Möglichkeiten der Prävention und Hilfe für die Opfer aufzuzeigen. Inhaltlich wird von Ihnen eine ausführliche Auseinandersetzung mit dem Thema erwartet. Es reicht also nicht, die im ersten Teil zusammengetragenen Informationen zu wiederholen, vielmehr sollen Sie eigene Erfahrungen und Erkenntnisse einbauen und Schlussfolgerungen ableiten. Ihre sinnvolle und überzeugende Darstellung soll sowohl die Textart als auch den Adressatenbezug erkennen lassen. Bei der Wahl des Aufbaus und der sprachlichen Mittel Ihres Schülerzeitungsartikels haben Sie durchaus Spielraum, aber eine nachvollziehbare Argumentationsstruktur und sprachliche Korrektheit sollten selbstverständlich sein.*

Mobbing via Internet

Schlagzeile

Einleitung mit Nennung von Umfrage-Ergebnissen

Erschreckendes Ergebnis einer Forsa-Umfrage in Nordrhein-Westfalen: Von 1 000 Schülern zwischen 14 und 20 Jahren waren 36 % bereits Opfer von Cybermobbing.

Überleitung zum Hauptteil mit Fragen

Was ist Cybermobbing bzw. -bullying? Wer sind die Opfer und wer die Täter? Was treibt die Täter an und wie können sich die Opfer schützen?

Hauptteil

Fallbeispiel …

Ein scheinbar harmloser Scherz einiger Jungen unserer Klasse führte in den letzten Wochen zu Tränen bei einer Mitschülerin und letztendlich zu heißen Diskussionen in unserer Klasse. Was war passiert?

… unter Berücksichtigung beider Seiten …

Ein Klassenkamerad stachelte seine Clique an, ein Mädchen unbemerkt mit dem Handy zu fotografieren und diese Fotos dann herumzuschicken. Was für andere nur witzige Schnappschüsse waren, verletzte die Schülerin jedoch tief, so tief, dass sie nicht mehr in die Schule kommen wollte. Wie sich später herausstellte, wollte er sich dafür rächen, dass sie mit ihm Schluss gemacht hatte.

… und der anschließenden Diskussion

Unsere Klasse, die sonst ein gutes Team ist, war schnell in zwei Lager geteilt: die einen, die sich amüsierten und den Kopf schüttelten angesichts der in ihren Augen übertriebenen Reaktion unserer Mitschülerin, die anderen, die sie bedauerten und den Verantwortlichen bestrafen wollten.

Überleitung vom Fallbeispiel zum allgemeinen Phänomen des Cybermobbings

Unsere Klassenlehrerin musste jedenfalls einschreiten und forderte uns erst einmal auf, im Internet über Cybermobbing zu recherchieren. Dabei fanden wir Erschreckendes heraus.

Erscheinungsformen des Cybermobbings

Viele Täter schicken peinliche Fotos und Videos nicht nur an Bekannte herum, sondern stellen sie sogar ins Netz. Diese Aufnahmen werden häufig manipuliert und kommentiert und beispielsweise auch in gefälschten Profilen in allgemein verbreiteten sozialen Netzwerken wie Facebook und SchülerVZ veröffentlicht. Diese und ähnliche Online-Communities sind nach einer Umfrage des Medienpädagogischen Forschungsverbandes Südwest von 2010 für Jugendliche das Kommunikationsmittel Nr. 1 im Internet, was das Problem noch verschärft.

Motive der Täter und Auswirkungen auf die Opfer

Bei unseren Gesprächen, die sich an die Recherche anschlossen, gaben immer mehr Schüler zu, dass sie sich schon selbst als Opfer von Internet-Mobbing gefühlt haben, während andere gestanden, dass sie schon einmal Täter waren. Das Motiv der Täter ist häufig einfach nur Langeweile oder Spaß, aber die Opfer leiden nicht selten an Depressionen, verlieren ihr Selbstwertgefühl und werden in der Schule schlechter. In noch schlimmeren Fällen gipfeln die psychischen Probleme von Betroffenen in Selbstmordgedanken. Es kommt sogar zu Suizidfällen: Im März 2012 wurde in den USA ein Student des Cybermobbings schuldig gesprochen, dessen Opfer sich von einer Brücke in den Tod gestürzt hatte. Opfer werden kann jeder, der anders ist als die anderen, vielleicht zu dick oder zu dünn ist, eine andere Nationalität hat, fleißiger in der Schule ist und als Streber gilt oder einfach keine Freunde hat. Die Täter nutzen solche Opfer, um ihre Macht und Stärke zu demonstrieren, aber manchmal auch, um von ihren eigenen Minderwertigkeitskomplexen abzulenken. Hass und Neid können Ursachen sein oder – wie in unserem Beispiel – das Zerbrechen einer Beziehung.

Überleitung zu möglichen Gegenmaßnahmen

Was kann man tun, um der ständig zunehmenden Bloßstellung, Belästigung und Verleumdung im Internet zu begegnen?

Möglichkeiten der Prävention und Hilfe für die Opfer

Gefragt sind hier alle: Eltern und Großeltern, Verwandte und Freunde, Nachbarn und Bekannte, aber natürlich auch die Schule. Am wichtigsten ist auf jeden Fall erst einmal Aufklärung. Täter müssen erkennen, was sie anderen Menschen unter Umständen antun und dass ihr Handeln strafbar ist, genauso als würden sie im realen Leben jemanden bedrohen, schlagen und quälen. Sie sollten erfahren, dass man mit heutigen technischen Möglichkeiten herausfinden kann, wer die Täter sind, um sie entsprechend zu bestrafen.

Opfern sollte bewusst werden, dass sie nicht allein sind und dass ihnen geholfen werden kann, wenn sie sich jemandem anvertrauen. Schnelles Handeln ist dabei besonders wichtig, denn schließlich verbreiten sich im Netz entwürdigende Fotos oder Videos blitzschnell. Die Befürchtung, dass das, was einmal im World Wide Web gelandet ist, auf immer und ewig dort abgerufen werden kann, trifft so nicht mehr zu. Netze werden immer sicherer und seriöse Netzbetreiber haben durchaus die Möglichkeit, beleidigende Äußerungen und erniedrigende Bilder zu löschen. Auf jeden Fall kann es keine Lösung sein, Gleiches mit Gleichem zu vergelten und selbst zum Täter zu werden, wenn man den Urheber der Mobbingattacke kennt.

Wir haben in unserer Klasse lange über den Vorfall diskutiert. Am Ende hat unser Klassenkamerad seinen Fehler eingesehen und sich bei seiner Exfreundin entschuldigt. Klargeworden ist uns allen bei der ganzen Geschichte jedoch, dass Cybermobbing und Cyberbullying keinesfalls harmlose Streiche sind und dass man dagegen etwas unternehmen muss. Vor allem, Leute, solltet ihr miteinander reden, wenn ihr mit einem anderen Menschen Probleme habt. Mobbing via Internet ist für nichts eine Lösung.

Schluss mit Appell

Konkreter Adressatenbezug: Mitschüler und Mitschülerinnen

Christian Ankowitsch: Es lebe das Gedruckte! (2012)
Etwa deswegen: Papier ist glaubwürdiger als der Bildschirm.

Kolumne aus: „The Red Bulletin Austria“

Unter Autoren, Magazin-Verlegern und anderen Papier mit einigermaßen klugen Sätzen füllenden Menschen ist eine heftige Debatte entbrannt, die sich um diese Fragen dreht: Wie wirkt sich das Internet aufs Gedruckte aus? Werden wir bald kein Papier mehr in Händen halten? Sondern nur noch Phones & Pads & Tablets & Kindles? Sterben die gedruckten Zeitungen aus? Die Bücher? Und mit ihnen auch die Printhäuser und die Buchverlage? Weil dann nämlich alle alles auf Bildschirmen lesen werden und übers Internet direkt kaufen? Für die Anhänger des digitalen Journalismus und des eBooks sind diese Fragen längst entschieden: Wer heute noch glaube, seinen „content“ auf einem altertümlichen Medium wie Papier vertreiben zu müssen, sei Teil jener „Totholz-Industrie“, die ebenso aussterben werde wie Telegramm und Telex, die ja auch vom Internet ersetzt worden seien. Ich weiß, Sie erwarten jetzt, dass ich diese Frage abschließend kläre, aber da muss ich Sie leider enttäuschen. Ich kann nicht in die Zukunft schauen. Es kann also sein, dass Sie diese Zeilen bald nur noch auf einem wohlig schimmernden Bildschirm lesen oder sie Ihnen direkt auf die Netzhaut projiziert werden und wir alle das auch noch gut finden. Wer weiß? […]
Doktoranden der Fachrichtung „Journalismus und Kommunikation“ an der US-Universität Oregon [haben] im August 2011 eine entsprechende Untersuchung vorgestellt […]. In deren Rahmen baten sie 45 Journalismus-Studenten, 20 Minuten lang die „New York Times“ zu lesen. 25 bekamen die gedruckte Ausgabe vorgesetzt, der Rest die Online-Version. Abschließend testeten die Wissenschaftler, welche Gruppe wie viel behalten hatte. Das eindeutige Ergebnis: Die Studenten, die das raschelnde Ungetüm gelesen hatten, konnten sich an doppelt so viele Dinge erinnern wie jene, die sich durch die Online-Ausgabe geklickt hatten. […]
Das bedeutet nicht, dass die digitale Revolution ausfallen wird. Wann hätten warnende Hinweise auf negative Nebenwirkungen schon einmal dazu geführt, dass technische Neuerungen unterblieben wären? Eben! Diese Erkenntnisse spielen vielmehr einer Reihe von Leuten wunderbare Argumente in die Hände. Lateinschüler werden sich darauf rausreden können, das elektronische Wörterbuch habe ihnen den letzten Rest an Vokabelkenntnissen aus dem Hirn gesogen.

Zu spät bei Verabredungen Erscheinende werden sagen können, man solle froh sein, dass sie überhaupt noch auftauchen, angesichts der nachgewiesen verblödenden Nebenwirkungen virtueller Notizen.
Und Ihr Kolumnist wird in nicht allzu ferner Zukunft zum Schluss seines Textes immer wieder denselben Witz erzählen können, weil er sich – kaum gelesen – schon wieder in Nichts auflöst. […]

Christian Ankowitsch, The Red Bulletin Austria vom 11. 02. 2012, hg. von Red Bull Media House

Arbeitsauftrag

Erörtern Sie den vorliegenden Textauszug.

- Arbeiten Sie die Kernaussagen des Verfassers heraus und zeigen Sie an Beispielen, wie sich die Autorenposition in der Gestaltung des Textes widerspiegelt.
- Setzen Sie sich mit der Position des Autors auseinander.

Lösungsvorschlag

Im Thema 1 geht es um das erörternde Erschließen eines pragmatischen Textes, d. h. um eine Texterörterung. Dabei erfolgt auf der Grundlage der untersuchenden Texterschließung (Analyse) die Erörterung einer Fragestellung. Diese Aufgabenart erfordert also analytische und argumentative Kompetenzen. Der zugrunde gelegte Text bezieht sich auf das Themenfeld „Medien", das Sie aus Ihrem täglichen Leben gut kennen.
Aufgrund der Komplexität der Aufgabe empfiehlt sich eine genaue Analyse der Aufgabenstellung. Die erste Teilaufgabe verlangt von Ihnen das inhaltliche Erfassen des Textes und das Aufzeigen der Position des Verfassers. Außerdem sollen Sie wesentliche sprachlich-stilistische Gestaltungsmittel in ihrer Funktion für die Aussage des Textes erläutern. Die zweite Teilaufgabe fordert Ihre argumentative Auseinandersetzung mit der Autorenposition. Dabei müssen Sie eigene Erfahrungen einbringen und zu einer begründeten Stellungnahme gelangen. Ihre Stoffsammlung sollte unbedingt in eine Gliederung münden, die Ihnen hilft, nachvollziehbar und überzeugend zu argumentieren sowie Wiederholungen und gedankliche Brüche zu vermeiden.

Einleitung

Hinführung zum Thema, Quelle, Autor, Titel, Untertitel, Thema

Seit einigen Jahren finden Leser aktuelle Nachrichten im Internet. Wozu also noch die traditionelle Zeitung verlegen und abonnieren? Bücher können in elektronischer Form als eBooks auf Tablets und Smartphones gelesen werden. Wozu also noch Bücher herstellen und kaufen?
Printmedien befinden sich in der Krise und es stellt sich die Frage, ob es sich lohnt, ihrem Untergang entgegenzuwirken bzw. ob dieser nicht schon besiegelt ist.
Der Text von Christian Ankowitsch „Es lebe das Gedruckte!" mit dem Untertitel „Etwa deswegen: Papier ist glaubwürdiger als der Bildschirm" entstammt einer Kolumne der österreichischen Ausgabe des Magazins „The Red Bulletin Austria" aus dem Jahr 2012 und thematisiert das Aussterben der Print- zugunsten der digitalen Medien.

Hauptteil

Analyse

Hauptaussagen des Textauszuges

Am Anfang seines Textes betont Christian Ankowitsch die Aktualität der Problematik, die vor allem die an Printmedien beteiligten Autoren und Verleger beschäftigt. Mit rhetorischen Fragen wie „Werden wir bald kein Papier mehr in Händen halten?" oder „Sterben die gedruckten Zeitungen aus?" (Z. 3 ff.) verweist er deutlich auf die zunehmende Ausrichtung auf digitale Medien. Ironisierend gibt er die Sicht der Verfechter von digitalem Journalismus und elektronischen Büchern wieder: „Wer heute noch glaube, seinen ‚content' auf einem altertümlichen Medium wie Papier vertreiben zu müssen, sei Teil jener ‚Totholz-Industrie'" (Z. 9f.). Dabei steht das englische Wort „content" für „Inhalt", den es zu veröffentlichen gilt, im ironischen Kontrast zur Aussage „auf einem altertümlichen Medium wie Papier". Die Metapher „Totholz-Industrie" bezieht sich einerseits auf die dafür notwendige Papierherstellung aus Holz und deutet andererseits an, dass diese Industrie „tot" ist bzw. bald aussterben wird.

Sprachlich-stilistische Mittel in Funktion und Wirkung

„Sie erwarten jetzt, dass ich diese Frage abschließend kläre, aber da muss ich Sie leider enttäuschen" (Z. 12 f.) – einer Antwort auf die nur angedeutete Frage der Leser, die der Autor mit dem Personalpronomen „Sie" direkt anspricht, geht er aus dem Weg. Er könne nicht vorhersagen, ob wir das Aussterben der Printmedien am Ende nicht sogar gut finden würden. „Wer weiß?" (Z. 16)

Faktenargument

Im nächsten Abschnitt des Textauszuges führt Ankowitsch jedoch eine Studie ins Feld, die im August 2011 an der amerikanischen Universität Oregon vorgestellt wurde – mit dem Ergebnis, dass der Behaltenseffekt von Informationen, die auf Papier gelesen wurden, doppelt so hoch ist wie der von auf Computerbildschirmen aufgenommenen.

Dieses durchaus überzeugende Faktenargument relativiert der Autor jedoch sofort mit der Behauptung: „Das bedeutet nicht, dass die digitale Revolution ausfallen wird." (Z. 25) Schließlich seien technische Neuerungen nicht aufzuhalten, auch nicht durch Warnungen. Im Gegenteil, es gebe Leute, z. B. Lateinschüler oder Zuspätkommer, die die „verblödenden Nebenwirkungen" (Z. 32 f.) zu ihren Gunsten als Ausreden benutzen würden.

Ironischer Duktus

Durch den Kontrast von Fachsprache (z. B. „digitale Revolution", Z. 25) und umgangssprachlichen Wendungen (z.B. „rausreden", Z. 29) wird der ironische Grundton des Textes wiederum deutlich, ebenso durch ironische Übertreibungen wie „das raschelnde Ungetüm" (Z. 23), rhetorische Fragen (vgl. Z. 25–27) oder Ausrufe („Eben!", Z. 27). Der Leser wird unweigerlich zum Nachdenken angeregt. Ihm stellt sich die Frage, ob er will, dass ein Kolumnist „in nicht allzu ferner Zukunft zum Schluss seines Textes immer wieder denselben Witz erzählen könn[e], weil er sich – kaum gelesen– schon wieder in Nichts auflöst" (Z. 34 ff.).

Autorenposition (Zusammenfassung)

Christian Ankowitsch formuliert seine Position eigentlich schon im Titel: „Es lebe das Gedruckte!", mit einem Ausruf, der die

Printmedien hochleben lässt, und einer Begründung, die deren Fortbestand rechtfertigt; denn schließlich sei „Papier […] glaubwürdiger als der Bildschirm“ (Untertitel). Deutlich wird im Textauszug aber auch, dass dem Verfasser die unaufhaltsame digitale Revolution durchaus bewusst ist und er ihr kritisch gegenübersteht. Dies zeigt sich v. a. an der ironischen sprachlichen Gestaltung des Textes.

Erörterung

Argumentative Auseinandersetzung

Mit dieser Position steht er nicht allein und wird wahrscheinlich insbesondere in der älteren Generation manchen Anhänger finden. Mit dem Satz „Früher war alles anders“ erzählen meine Großeltern gern von Briefen, die sie sich geschrieben haben, als sie frisch verliebt waren; von Telegrammen, die sie schickten, wenn sie ihren Besuch kurzfristig ankündigen wollten; von Freunden, die sie besuchten, um Neues zu erfahren. Wenn ich ihnen dann von WhatsApp und Facebook erzähle, mein Smartphone und Tablet benutze, heben sie die Hände und reden von Realitätsflucht, von Kommunikationskillern und digitaler Bedrohung. Glücklicherweise sind meine Eltern da schon etwas moderner. Meine Mutter liest zwar noch immer jeden Morgen ganz klassisch ihre Zeitung, aber auf die Kommunikation per E-Mail und SMS möchte sie nicht mehr verzichten. Dass auch das schon ein bisschen altmodisch ist, will sie mir nicht glauben, lehnt Facebook und Twitter ab. Mein Vater ist beruflich zu 100 % auf seinen Laptop angewiesen und nutzt das Internet für alles, was die Organisation unseres Familienlebens erleichtert, Online-Banking, Buchungen, Bestellungen. Er liest digitale Zeitungen auf seinem iPad, aber mit dem eBook-Reader hat er nichts im Sinn. Da spricht er von dem Vergnügen, das es ihm bereitet, in der Buchhandlung zu stöbern, sich ein Buch auszusuchen und es dann in die Hand zu nehmen und zu lesen.

Schluss

Begründete Stellungnahme

Ich kann mir jedenfalls ein Leben ohne digitale Medien nicht vorstellen. Doch das heißt für mich nicht, dass ich dem realen Leben entfliehe oder meine Fähigkeit zu kommunizieren verliere. Im Gegenteil, ich bin immer online und damit immer drin, im Leben, im Kontakt mit meinen Freunden, im Weltgeschehen. Ich bin ein Digitalo, aber ich habe Verständnis für die Normalos und die sollen ruhig ihre papierne Zeitung abonnieren, mit einem Stift Briefe schreiben und gebundene Bücher lesen.
Und deshalb: Es lebe das Gedruckte, neben dem Digitalen!

Johann Wolfgang von Goethe (1749–1832): Der Abschied (um 1770)

Laß mein Aug den Abschied sagen,
Den mein Mund nicht nehmen kann!
Schwer, wie schwer ist er zu tragen!
Und ich bin doch sonst ein Mann.

Traurig wird in dieser Stunde
Selbst der Liebe süßtes Pfand,
Kalt der Kuß von deinem Munde,
Matt der Druck von deiner Hand.

Sonst, ein leicht gestohlnes Mäulchen,
O wie hat es mich entzückt!
So erfreuet uns ein Veilchen,
Das man früh im März gepflückt.

Doch ich pflücke nun kein Kränzchen,
Keine Rose mehr für dich.
Frühling ist es, liebes Fränzchen,
Aber leider Herbst für mich!

Aus: Heinz Nicolai (Hrsg.): Goethes Gedichte in zeitlicher Folge.
Insel Verlag Frankfurt a. M. 1982, S. 85 f.

Arbeitsauftrag

Interpretieren Sie das Gedicht.

- Zeigen Sie dabei an ausgewählten Beispielen, wie Besonderheiten der Gestaltung zur Veranschaulichung der Situation des lyrischen Ich beitragen.
- Ordnen Sie das Gedicht begründend einer Literaturepoche zu.

Lösungsvorschlag

Das Thema 2 verlangt von Ihnen die Interpretation eines lyrischen Textes. Zur allgemein formulierten Aufgabe „Interpretieren Sie das Gedicht“ erhalten Sie zwei Teilaufgaben mit einer entsprechenden Schwerpunktsetzung. Sie bekommen den Hinweis, bei Ihrer Interpretation das Zusammenwirken von inhaltlicher und sprachlicher Gestaltung zu untersuchen und aufzuzeigen. Außerdem sollen Sie das Gedicht begründend einer Literaturepoche zuordnen.
Wichtig ist die Berücksichtigung der Erkenntnis, dass es im Gedicht „Der Abschied“ von Johann Wolfgang von Goethe um ein lyrisches Ich geht, das angesichts des Abschieds von der Geliebten seinen Gedanken und Gefühlen Ausdruck verleiht. Durch die formale Gestaltung des Textes wird die Situation veranschaulicht, d. h., gestalterische Mittel müssen entsprechend der 1. Teilaufgabe in ihrer Funktion für die Aussage des Gedichtes betrachtet werden. Eine abschließende Einordnung in die Epoche des Sturm und Drang (siehe 2. Teilaufgabe) nehmen Sie vor, indem Sie am Text Besonderheiten der Literaturepoche nachweisen.

Einleitung
Hinführung zum Thema und Übersichtsinformationen

Ein Abschied ist meist eine schmerzvolle Erfahrung – egal, ob es sich dabei z. B. um den Auszug erwachsener Kinder aus einem behütenden Elternhaus oder um den unbegreiflichen Tod eines vertrauten Menschen handelt. Er gehört zum Leben dazu, genau wie die unbeschreibliche Freude, wenn es denn ein glückliches Wiedersehen geben kann.
In Johann Wolfgang von Goethes Gedicht „Der Abschied“ (um 1770) geht es um den Abschied eines jungen Mannes von seiner Geliebten, den dieser als großen Verlust empfindet.

Hauptteil
Formaler Aufbau

Das Gedicht besteht aus vier volksliedhaften Strophen mit je vier Versen, durchgängigen Kreuzreimen mit wechselnden weiblichen und männlichen Kadenzen und einem ebenso regelmäßigen vierhebigen Trochäus. Die Gleichmäßigkeit dieses Strophen- und Versaufbaus entspricht der im Gedicht durchgängig erkennbaren traurigen Gemütslage des lyrischen Ich.

Strophe 1: Situation des lyrischen Ich

In der ersten Strophe beschreibt das lyrische Ich seine Situation, die es kaum benennen und ertragen kann: „den Abschied […]/ Den mein Mund nicht nehmen kann!“ (V. 1 f.). Worte können das Gefühl des Abschieds nicht ausdrücken, der „Mund“ versagt hier also. Deutlich wird die Traurigkeit des lyrischen Ich auch an der Wiederholung des Adjektivs „schwer“ (V. 3). Die Aussage „Und ich bin doch sonst ein Mann“ (V. 4) zeigt die tiefgreifende Erschütterung, die den Sprecher daran hindert, einem gängigen Rollenverständnis entsprechend „männlich“ zu sein und zu handeln.

Strophe 2: schwindende Gesten der Zuneigung

Konnte er die Liebesbezeugungen seiner Geliebten bisher genießen, heißt es jetzt in der zweiten Strophe, dass „der Kuss von [ihrem] Munde“ (V. 7) kalt und „der Druck von [ihrer] Hand“ (V. 8) matt ist. Die Adjektive „blass“ und „matt“ bezeichnen die schwindenden Gesten der Zuneigung, die ihn unendlich „traurig“ (V. 5) machen. Die Alliteration „Kalt der Kuss“ drückt die empfundene Kälte auch lautmalerisch aus.

Strophe 3: vergangenes Entzücken

Die Erinnerung an vergangenes Glücksempfinden setzt sich in der dritten Strophe fort, in der das Tempus vom Präsens zum Perfekt wechselt. Die Küsse seiner Geliebten mit „ein[em] leicht gestohlne[n] Mäulchen“ (V. 9) haben das lyrische Ich „entzückt“. Dieses Entzücken, das in einem mit der Interjektion „O“ beginnenden Ausruf (V. 10) betont wird, ist Ausdruck großer Emotionalität. Der Vergleich mit der Freude an einem Veilchen, das im Frühjahr gepflückt werden kann (vgl. V. 11 f.), verweist zugleich auf die Vergänglichkeit der Natur, die nach ihrem Wonne bringenden Aufbruch auch wieder vergeht – so, wie die Nähe zur Geliebten mit einer Trennung endet.

Strophe 4: Abschied

Verkleinerungsworte wie „Mäulchen“, die vor allem Verliebte füreinander finden, gibt es auch in der vierten Strophe („Kränzchen“ V. 13, „Fränzchen“ V. 15). Hier stehen sie jedoch mit der deutlichen Absage des lyrischen Ich, das „nun kein Kränzchen“ (V. 13) mehr für sein „liebes Fränzchen“ (V. 15) pflücken wird, denn die Trennung ist besiegelt.

Trotz des Frühlings ist es „[a]ber leider Herbst für mich!“ (V. 16). Die Herbstmetapher in diesem Ausruf verdeutlicht den unausweichlichen, schmerzvollen Abschied und die Gefühlslage, in der sich das lyrische Ich befindet.

Das lyrische Ich ist von seiner Traurigkeit geradezu überwältigt. Die Betrachtung seines emotionalen Zustandes nimmt alle seine Gedanken ein. Hier geht es nicht um Gründe für eine Trennung, hier geht es nicht um das, was das Leben sonst noch so ausmacht, hier geht es nur um Subjektivität. Diese Hinwendung zur Selbstbetrachtung und -entfaltung war typisch für die Literatur der Autoren des Sturm und Drang, also auch für den jungen Goethe. Nicht nur in diesem Gedicht nutzt er Naturbilder (Blumen, Jahreszeiten) und eine insgesamt emotionale Sprache, um menschliche Erfahrungen wie eine unerfüllte Liebe zu veranschaulichen.

Einordnung in die Epoche

Mir fällt dazu noch sein Gedicht „Willkommen und Abschied“ ein. Auch dieses Gedicht ist ein Beispiel für Goethes Liebeslyrik. Ebenso aus der Perspektive eines jungen Mannes geschrieben, wird von einem Treffen mit seiner Geliebten erzählt. Vor dem Hintergrund einer beängstigenden nächtlichen Landschaft wird im Wechsel von Freude und Schmerz schließlich – auch hier mithilfe von Naturbildern – ein Abschied geschildert.

Schluss

Abschließende Gedanken

Marianne Geib: Zeitgenossen

Er war von Anfang an anders gewesen als die Mitglieder seiner Sippe, wer weiß schon zu sagen warum. Obgleich er sich mit allen gut vertrug, einige auch liebte, war er von einem merkwürdigen, ja quälenden Freiheitsdrang und Wissensdurst ergriffen, und die anderen erschienen ihm in ihrer zufriedenen Wunschlosigkeit oft fremd.

Dann starrte er zwischen den Stäben des Käfigs hindurch in die weite Landschaft, die draußen ausgebreitet lag, und träumte davon zu erforschen, was sich jenseits des Horizonts verbarg.

Zu anderen Zeiten wieder unterschied er sich von seinen Artgenossen in keiner Weise: Er fraß genussvoll von den herumliegenden Bananen, spielte mit seinen Geschwistern, ärgerte die Älteren, und man hätte ihn für einen ganz normalen, glücklichen Gesellen halten können.

Eines Tages ließ der Wärter die Tür des Käfigs nur für einen kleinen Augenblick offenstehen. Diese Gelegenheit nutzte er unverzüglich und stürmte hinaus. Er lief, wenngleich etwas unbeholfen, denn die lange Gefangenschaft hatte ihn ungeschickt werden lassen, in die Richtung, in die er immer voll Sehnsucht gestarrt hatte, lief – und blieb dann plötzlich stehen, ging langsam bis an die Stäbe des Käfigs zurück und blickte hinein. Seine Familie versah die gewohnten Verrichtungen. Er beobachtete sie; er dachte an das, was nun hinter ihm lag, und an das, was jenseits des Horizonts auf ihn wartete. Und er rührte sich nicht vom Fleck. Die Erregung, mit der er zwischen den Gitterstäben hindurch in den Käfig hineinschaute, war sehr ähnlich der, die er empfunden hatte, als er noch von der anderen Seite her durch die Zwischenräume geblickt hatte. Er dachte daran, wer ihm in Zukunft die Läuse aus dem Fell suchen sollte, woher er die köstlichen Bananen bekäme, die er so gerne fraß, aber vor allem daran, an wessen Körper er sich wärmen sollte, wenn er nachts fror. Und er wurde sehr traurig, als er erkannte, dass nun wieder Gitterstäbe zwischen ihm und dem lagen, was er sich sehnsuchtsvoll wünschte. Sollte sich außer der Blickrichtung also nichts geändert haben? Er rührte sich nicht vom Fleck.

Marianne Geib: Zeitgenossen. In: Magazin Deutsch 2. Bamberg: C. C. Buchner Verlag 1998, S. 227

Arbeitsauftrag

Interpretieren Sie den Text.

- Erschließen Sie dabei den Inhalt und zeigen Sie ausgewählte Gestaltungsmittel in ihrer Funktion für die Aussage des Textes.
- Beziehen Sie in Ihre Deutung insbesondere Merkmale der literarischen Form/ des literarischen Genres ein.

Lösungsvorschlag

Thema 1 verlangt die Interpretation eines epischen Textes von Ihnen. Die Teilaufgaben geben dabei vor, dass Sie sich besonders auf die folgenden Aspekte konzentrieren sollen: einerseits auf die Erschließung des Inhaltes zusammen mit der Betrachtung von Gestaltungsmitteln, andererseits auf die Bedeutung der literarischen Form im Rahmen Ihrer Deutung.

In der Einleitung zu Ihrem Interpretationsaufsatz können Sie Gedanken und Fragen formulieren, welche die Aussage des Textes auf den menschlichen Bereich übertragen und durch diesen Zusammenhang sowohl zum Text hinführen als auch auf die Textart Parabel verweisen.

Eine kurze Inhaltsangabe kann den Ausgangspunkt für die folgende Beschäftigung mit Inhalt und Form im Hauptteil bilden. Belegen Sie Ihre Aussagen zur Textanalyse mit Zitaten. Diese können Sie auf unterschiedliche Art und Weise einbauen, zum Beispiel in den eigenen Satz eingefügt oder in Klammern ergänzt.

Ihre Deutung rundet den Hauptteil ab. Beachten Sie, dass Sie hier von der Bildebene, das heißt der im Text erzählten Geschichte, auf eine Sachebene abstrahieren müssen.

Angelehnt an diese Deutung können Sie Ihren Schlussteil mit persönlichen Gedanken zur Thematik gestalten.

Einleitung

Hinführung zu Thema und Form des Textes

Irgendwie scheint es in der Natur des Menschen zu liegen, dass er nie zufrieden ist mit sich selbst und seiner Situation. Ist das grundsätzlich negativ oder liegen darin nicht auch der Antrieb und die Motivation für Veränderung? Aber heißt Veränderung immer auch Verbesserung? Oder sollte man, statt nach Veränderung zu streben, nicht lieber dankbar sein für die bestehenden eigenen Möglichkeiten? Diese und ähnliche Fragen gingen mir beim Lesen der Parabel „Zeitgenossen“ von Marianne Geib durch den Kopf.

Hauptteil
Inhaltsangabe

In der Geschichte geht es um einen jungen Affen, der sich von seinen Artgenossen unterscheidet. Während diese wunschlos und zufrieden scheinen, spürt er einen unstillbaren Drang nach Freiheit und neuen Erkenntnissen. Die Realisierung dieser Wünsche wird greifbar, als er durch eine geöffnete Käfigtür entwischen kann. Plötzlich auf der anderen Seite der Gitterstäbe angelangt, wird ihm jedoch bewusst, welche Verluste gleichzeitig mit der gewonnenen Freiheit verbunden sind. Er kehrt um, betrachtet die Zurückgelassenen durch die Gitterstäbe hindurch und bewegt sich nicht weiter.

Analyse von Inhalt und Form

Darstellung des Affen zu Beginn des Textes

Entgegen der Vermutung, die sich durch den Titel „Zeitgenossen“ ergibt, handelt es sich bei dem Protagonisten also um einen Affen, der mit anderen Artgenossen in einem Käfig gefangen ist. Das wird allerdings erst durch die Aussage „[er] starrte […] zwischen den Stäben des Käfigs hindurch“ (Z. 6) und die Erwähnung arttypischer Verhaltensweisen (zum Beispiel „fraß genussvoll von den herumliegenden Bananen“, Z. 10) deutlich. Während der ersten fünf Zeilen irritiert das Wort „Sippe“ (Z. 1) zwar womöglich den Leser, dieser geht aber noch davon aus, dass es sich um die Beschreibung eines Menschen handelt.

Der Protagonist wird an keiner Stelle direkt mit dem Wort „Affe“ betitelt, sondern nur mit dem Personalpronomen „er“ bezeichnet. In die Gemeinschaft der Tiere integriert, geht er normalen Tätigkeiten nach, „spielt[ ] mit seinen Geschwistern, ärgert[ ] die Älteren“ (Z. 10 f.). Und dennoch ist er anders. Diese Andersartigkeit wird durch Gegensätze betont. Da sind einerseits sein „merkwürdige[r], ja quälende[r] Freiheitsdrang und Wissensdurst“ (Z. 3) und andererseits die „zufriedene[ ] Wunschlosigkeit“ (Z. 4) seiner Artgenossen. Da ist der Käfig auf der einen und die weite Landschaft auf der anderen Seite (vgl. Z. 6 f.).

Schilderung der Flucht und der Rückkehr

Als sich ihm die Gelegenheit bietet, aus der Gefangenschaft zu entkommen, nutzt er sie sofort, aber nur, um dann umzukehren und reglos vor den Gitterstäben zu verharren: „[Er] rührt[ ] sich nicht vom Fleck“ (Z. 20), beobachtet seine Familie, muss daran denken, dass ihm das Lausen sowie das gegenseitige Wärmen fehlen werden und dass er nicht weiß, woher er nun die leckeren Bananen nehmen soll (vgl. Z. 23 ff.). Der Käfig wird zum Symbol für Geborgenheit und Sicherheit in einer vertrauten Umgebung, die Erwähnung des Lausens und Wärmespendens veranschaulicht die liebevolle familiäre Bindung.

Durch den Wechsel von der auktorialen zur personalen Erzählperspektive bei diesen Gedanken des Protagonisten werden dessen Ängste und Befürchtungen hervorgehoben. Sie münden schließlich in der Frage „Sollte sich außer der Blickrichtung also nichts geändert haben?“ (Z. 28 f.). Die folgende, den Text beendende Wiederholung des Satzes „Er rührte sich nicht vom Fleck“ (Z. 29) verstärkt den Eindruck der nun offensichtlichen Ausweg- und Ziellosigkeit des Protagonisten.

Erzählperspektive

Der Satzbau spiegelt dabei den Inhalt wider und unterstützt dadurch die Textaussage. Die Gedanken und Gefühle des jungen Affen zu Beginn und am Ende der Parabel werden in langen, komplex gebauten Sätzen wiedergegeben (vgl. zum Beispiel Z. 2 ff. und Z. 23 ff.). Die eilige Flucht verpackt die Autorin in einen verschachtelten Satz, der durch Zusatzinformationen unterbrochen wird und somit ebenfalls etwas hektisch wirkt (vgl. Z. 14 ff.). Das abrupte Innehalten des Protagonisten nach der Flucht zeigt sich hingegen im Gedankenstrich in Zeile 17, sein Zögern spiegelt sich in mehreren darauf folgenden kurzen beziehungsweise einfach gebauten Sätzen wider.

Besonderheiten im Satzbau

Sowohl das auf Menschen verweisende zusammengesetzte Substantiv „Zeitgenossen“ im Titel als auch das durchgängige Fehlen der Bezeichnung „Affe“ verweisen auf den parabolischen Charakter des Textes. Unweigerlich überträgt der Leser die in der Parabel erzählte Geschichte (Bildebene) auf sein eigenes Leben beziehungsweise auf die Situation seiner Mitmenschen (Sachebene).

Überleitung: Anmerkungen zur Textsorte

So ruft bei uns Menschen nicht selten das Gefühl, unsere aktuellen Lebensumstände seien negativ oder einfach stagnierend, ein Bedürfnis nach Veränderung hervor. Die einen haben dabei den Wunsch, aber nicht die Kraft, an ihrer Situation etwas zu ändern. Die anderen stürmen los, denken jedoch nicht oder zu spät über die Konsequenzen nach und bleiben durch Ziel- und Planlosigkeit auf der Strecke, ähnlich wie der Held unserer Geschichte. Häufig stellen wir auch fest, dass wir uns genau jene Dinge wünschen, die wir gerade nicht haben – im Falle des jungen Affen ist dies zunächst die außerhalb des Käfigs vermutete Freiheit, später dann das Gefühl der Geborgenheit. Kaum ändert sich die Situation, ändern sich auch unsere Wünsche.

Deutung mit Übertragung von der Bild- auf die Sachebene

Also lieber doch nichts verändern, ausharren, sich nicht vom Fleck rühren? Der Leser bekommt darauf keine Antwort. Er muss selbst eine finden.

Schluss

Konsequenzen für eigene Lebensplanung

Was ist das jedoch für ein Leben, wenn man sich aus Gewohnheit oder aus Angst vor Fehlern und Misserfolgen mit unbefriedigenden Lebensumständen abfindet und unglücklich bleibt?

Ich wünsche mir ein erfülltes Leben. Das erfordert sicherlich auch immer wieder Veränderungen, die unter Umständen nicht bequem und mit Risiken verbunden sind. Aber ich bin davon überzeugt, dass man diese Hürden mit klaren Zielvorstellungen und Umsetzungsstrategien meistern kann. Denn eines möchte ich später sicher nicht sein: unglücklich und ohne den Mut, etwas daran zu ändern.

Sachsen – Besondere Leistungsfeststellung 10. Klasse Deutsch 2014
Thema 2

Material 1: Früh krümmt sich …?

Alkohol ist Gift für Kinder – bereits geringe Mengen können zu schweren Vergiftungen und Bewusstlosigkeit führen

Alkoholische Getränke sind Teil unseres Alltags. Von früher Kindheit an sehen und erleben wir Menschen, die Wein, Bier oder andere alkoholische Getränke trinken: Alkohol scheint bei fast jedem Anlass dazuzugehören, zum Anstoßen, zum „Begießen" eines freudigen Ereignisses, zum alltäglichen Abendessen. Kinder sind „Nachmacher" und wollen irgendwann, was auch ganz normal ist, selber die Getränke kennenlernen, die den Erwachsenen vorbehalten zu sein scheinen. Im Alter zwischen 10 und 14 Jahren passiert dies für gewöhnlich zum ersten Mal, meist sogar mit Billigung Erwachsener – etwa auf Familienfeiern oder zu Silvester, wenn mit einem Glas Sekt auf das neue Jahr angestoßen wird. In den folgenden Jahren bildet sich dann ein Konsumverhalten aus, das in seinen Grundzügen meist lebenslang beibehalten wird. Stark geprägt wird dieses Trinkverhalten durch die Einstellung des Freundeskreises, des sozialen Umfelds (Jugendgruppen, Sportvereine) und der Eltern. Auch das Alter, in dem Kinder und Jugendliche beginnen, Alkohol zu trinken, spielt eine Rolle: Je jünger sie sind, desto größer ist die Gefahr von Gewöhnung, Missbrauch und Abhängigkeit.

Glücklicherweise schützt der Geschmack alkoholischer Getränke Kinder für gewöhnlich davor, versehentlich Alkohol zu trinken. Süße Cocktails dagegen, Bowlen oder Liköre sowie andere alkoholische Mixgetränke, Stichwort „Alkopops" – machen Alkohol für Kinder genießbar. Der kindliche Organismus ist jedoch extrem anfällig für Schädigungen durch Alkohol, dessen Leber kann Alkohol nur bedingt abbauen. Bereits geringe Mengen, wie sie zum Beispiel zwei Esslöffel hochprozentigen Schnapses enthalten, können schwere Vergiftungen verursachen. Schon bei 0.5 Promille Alkohol im Blut droht einem kleinen Kind Bewusstlosigkeit, bei unter einem Promille Blutalkoholgehalt kann es zu Bewusstlosigkeit und schweren Vergiftungen kommen. Diesen Blutalkoholspiegel kann ein 15 kg schweres Kind bereits durch das Trinken eines süßen Cocktails auf Wodkabasis erreichen.

- Alkoholvergiftung und Bewusstlosigkeit treten bei Kindern ohne die typische euphorische Anfangsphase ein. Statt aufgedreht, ausgelassen und albern zu werden, zeigen sie sich meist träge und schläfrig.
- Drei Gramm Alkohol pro kg Körpergewicht können bei Kindern zu tödlicher Atemlähmung führen. Zur Erinnerung: Für Erwachsene liegt dieser Wert bei etwa sechs Gramm. Bei Verdacht auf eine Alkoholvergiftung sollte man sich

unverzüglich an eine Arztpraxis oder ein Krankenhaus oder einen Giftnotruf wenden.

- Wenn Kinder bewusst Alkohol trinken, womöglich wiederholt, ist das immer ein Hinweis auf ernste Probleme und ein Grund, Kontakt zu einer Beratungsstelle aufzunehmen!

Kirsten Laasner: Früh krümmt sich …? Lizenzgeber: DHS Hamm. Abrufbar unter: http://www.aktionswoche-alkohol.de/hintergrund-alkohol/lebensalter/gift-fuer-kinder.html

Material 2: Komasaufen: Trinken Jugendliche exzessiver als früher?

Die zahlreichen Pressemeldungen zum Komasaufen, nach denen sich viele Jugendliche bis zur Bewusstlosigkeit betrinken, rufen Besorgnis bei Eltern und Gesundheitsexperten hervor. Vor den Gefahren des Vollrausches ist, ohne Frage, zu warnen – doch trinken Jugendliche heutzutage wirklich exzessiver als früher?

Trinken bis zur Bewusstlosigkeit: Albtraum aller Eltern

Wohl kein Elternteil möchte seinen Nachwuchs aus dem Krankenhaus abholen, weil er sich bis zur Bewusstlosigkeit betrunken hat. Zahlreiche Medienberichte der Vergangenheit erwecken den Eindruck, dass das sogenannte Komasaufen sich zu einem Trend entwickelt hat, gegen den rigoros vorgegangen werden muss. In der Tat trinken viele Jugendliche deutlich mehr als sie vertragen. Laut einer aktuellen Studie der Bundeszentrale für gesundheitliche Aufklärung (BZgA) trinken 700 000 Jugendliche riskant hohe Mengen an Alkohol. Die Zahlen, die für 2010 vorliegen, berichten von 26 000 Kindern im Alter zwischen 10 und 20, die wegen Alkoholvergiftung im Krankenhaus landeten. Ein besorgniserregender Trend?

Kinder über die Gefahren des Alkohols aufklären

So warnt Elisabeth Pott, Direktorin der BZgA, laut einem Bericht der „Ärzte Zeitung“ vor den langfristigen Folgen: „Wer in so jungem Alter regelmäßig so viel Alkohol konsumiert, läuft Gefahr, wichtige Hirnfunktionen dauerhaft zu schädigen und eine Alkoholsucht zu entwickeln.“ Bereits von durchschnittlich fünf bis zehn Gläsern Bier in der Woche ginge eine solche Gefahr aus, so Pott. Nicht zuletzt aus diesem Grund wird die BZgA auch weiterhin mit entsprechenden Plakatkampagnen Aufklärungsarbeit leisten.

Doch auch Eltern sollten ihrer Verantwortung gerecht werden, und ihre Kinder über die Gefahren von Alkoholmissbrauch wie Komasaufen aufklären. Dafür ist es zunächst wichtig, dass Sie als Eltern einen verantwortungsvollen Umgang mit Alkohol vorleben. Wer regelmäßig selbst das eine oder andere Glas zu viel trinkt, wird vom Nachwuchs wenig Verständnis für seine Warnungen erhalten.

Sollte Ihr Kind doch einmal im Vollrausch nach Hause kommen, sollten Sie es zunächst fürsorglich empfangen und im Notfall erstversorgen. Ein aufklärendes Gespräch sollte erst am nächsten Morgen stattfinden. Fragen Sie hierbei unbedingt nach dem Grund für das Besäufnis und versuchen Sie Ihr Kind etwa bei Lösung von Problemen zu unterstützen. Ein striktes Alkoholverbot ist laut Experten heutzutage übrigens nur schwer durchzusetzen. Sie raten stattdessen dazu, Jugendliche aufzufordern, nichts Unbekanntes sowie keinen harten Alkohol zu trinken. *(Jugendschutz: Was Jugendliche dürfen – und was nicht)*

Autor: po (CF). Lizenzgeber: Telekom Darmstadt. Abrufbar unter: http://www.t-online.de/ratgeber/gesundheit/sucht/id_47402814/komasaufen-trinken-jugendliche-exzessiver-als-frueher-.html

Material 3: Grafik zum regelmäßigen Alkoholkonsum von Jugendlichen und jungen Erwachsenen

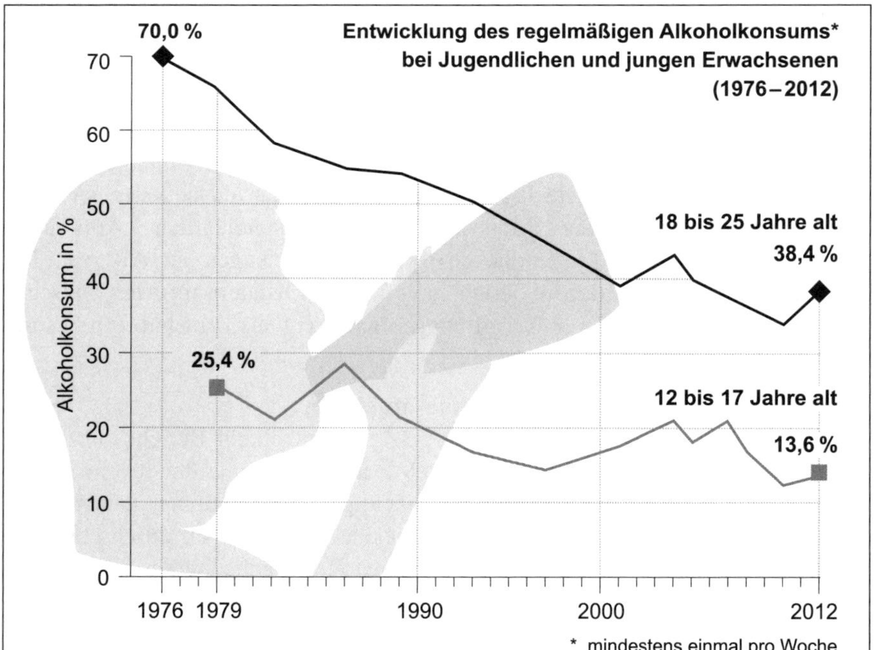

Eigene Darstellung nach: Der Alkoholkonsum Jugendlicher und junger Erwachsener in Deutschland 2012 (Veröffentlichung der BZgA vom April 2014)

Arbeitsauftrag

Wie das Nachrichtenmagazin Focus im Februar 2013 meldete, werden täglich in Deutschland etwa 70 Kinder und Jugendliche mit einer Alkoholvergiftung ins Krankenhaus eingeliefert. Der Alkoholmissbrauch durch junge Menschen ist damit ein ernsthaftes gesellschaftliches Problem. In der aktuellen Debatte stehen besonders Fragen zur Aufklärung und Prävention im Mittelpunkt.

1. Stellen Sie aus dem vorliegenden Material stichpunktartig Informationen zum Problem des Alkoholmissbrauchs durch Kinder und Jugendliche zusammen.

2. Schreiben Sie anschließend, ausgehend von Ihren Arbeitsergebnissen und unter Einbeziehung Ihrer persönlichen Erfahrungen, einen inhaltlich und sprachlich eigenständigen Artikel für die Schülerzeitung, in dem Sie über die Gefahren des Alkoholmissbrauchs aufklären und Vorschläge zur Prävention unterbreiten.

Die Aufgaben sind separat zu lösen. Den Schwerpunkt bilden die Ausführungen zu Aufgabe 2.

Lösungsvorschlag

Thema 2 verlangt von Ihnen adressatenbezogenes Schreiben auf der Basis untersuchenden Erschließens pragmatischer Texte. Dies bedeutet, dass Sie einen eigenen Text auf der Grundlage von vorgegebenen Materialien ausarbeiten sollen. Der einführende Hinweis zu Beginn der Aufgabenstellung erläutert dabei, um welches Thema es genau geht: Sie sollen sich mit dem Problem des Alkoholmissbrauchs von jungen Menschen sowie mit möglichen Präventionsmaßnahmen beschäftigen. Den Schwerpunkt Ihrer Arbeit bildet dabei das Verfassen eines Beitrages für die Schülerzeitung zu diesem Thema. Achten Sie also bei der zeitlichen Einteilung darauf, sich überwiegend der zweiten Teilaufgabe zu widmen.

1. *Für die erste Teilaufgabe stehen Ihnen drei Materialien zur Verfügung, aus denen Sie stichpunktartig Informationen zum Thema „Alkoholmissbrauch durch Kinder und Jugendliche“ zusammenstellen. Es bietet sich an, die Stichpunkte übersichtlich mit Angabe der Überschriften zu ordnen. Möglich wäre es auch, eigene Überschriften zu suchen. Bemühen Sie sich um aussagekräftige Formulierungen in überwiegend nominaler Ausdrucksweise.*

Material 1: Alkohol ist Gift für Kinder

- Alkoholgenuss Teil des Alltags
- Beeinflussung durch Trinkverhalten des sozialen Umfelds (Eltern, Freundeskreis, Jugendgruppen etc.)
- Gefährdung für kindlichen Organismus: Alkoholvergiftung, Bewusstlosigkeit, Atemlähmung

Material 2: Komasaufen: Trinken Jugendliche exzessiver als früher?

- viele Pressemeldungen zu Fällen von Komasaufen
- Studie der Bundeszentrale für gesundheitliche Aufklärung (BZgA): 700 000 Jugendliche trinken riskant viel, 26 000 10- bis 20-Jährige mit Alkoholvergiftung im Krankenhaus (2010)
- Gefahr der dauerhaften Schädigung wichtiger Funktionen des Gehirns und einer Alkoholabhängigkeit bei regelmäßigem Alkoholkonsum in diesem Alter
- Prävention: Aufklärung über Gefahren, Vorbildfunktion von Eltern, einfühlsame Erziehungsarbeit

Material 3: Grafik zum Alkoholkonsum von Jugendlichen und jungen Erwachsenen

- 1976 bei 70 % der 18- bis 25-Jährigen, 1979 bei 25,4 % der 12- bis 17-Jährigen regelmäßiger Alkoholkonsum (mindestens einmal pro Woche)
- 2012 bei 38,4 % der 18- bis 25-Jährigen und bei 13,6 % der 12- bis 17-Jährigen regelmäßiger Alkoholkonsum (mindestens einmal pro Woche)
- rückläufige Zahlen, aber seit 2010 wieder Aufwärtstrend
- angesichts der Gefahren besorgniserregend

2. *Für die Lösung der zweiten Teilaufgabe, das Schreiben eines Artikels für die Schülerzeitung, nutzen Sie die Informationen aus dem Material sowie Ihre eigenen Erfahrungen, um über Gefahren von Alkoholmissbrauch aufzuklären und Vorschläge zur Vermeidung dieses Missbrauchs zu machen.*
Es empfiehlt sich, neben inhaltlichen auch gestalterische Überlegungen anzustellen, bevor Sie mit dem Schreiben beginnen. Im Gegensatz zu den Notizen in Teilaufgabe 1 nutzen Sie jetzt keinen Nominalstil mehr, sondern setzen Verben ein, um verständlich und lebendig zu formulieren. Vermeiden Sie lange Schachtelsätze und verwenden Sie nicht zu viele Adjektive. Sprechen Sie zudem Ihre Leser direkt an und finden Sie eine gute Schlagzeile, die zum Lesen Ihres Artikels anregt.

Alkohol gehört dazu! – Wozu?

Schlagzeile

Es ist noch nicht so lange her, dass ich meine ersten Erfahrungen mit zu viel Alkohol gemacht habe und erkennen musste: Betrunkensein ist ein zweifelhaftes Vergnügen. Dabei war es anfangs einfach nur lustig, als eine viereckige Flasche mit glasklarer Flüssigkeit die Runde machte und jeder einen Schluck auf die neuen Fußballweltmeister nahm. „Obstler" hieß der Schnaps und er schmeckte tatsächlich ein bisschen nach Birne, brannte kaum und sorgte für eine noch ausgelassenere Stimmung. Was bald danach mit mir passierte, will ich euch hier ersparen, nur so viel: Ich kann mich nicht erinnern, dass es mir jemals schon so schlecht ging. Ganz abgesehen davon, wie peinlich mir einige Situationen im Nachhinein waren, als ich wieder nüchtern wurde.

Einleitung
Persönliche Erfahrungen

Ich weiß, Leute, ihr werdet euch jetzt fragen, wieso die Redaktion der Schülerzeitung nun auch noch anfängt, euch vor den Gefahren des ach so bösen Alkohols zu warnen. Tun das nicht nervige Eltern schon oft genug? Im Prinzip ja, aber manchmal passiert das eher etwas halbherzig, wenn der stolze Papa zum Sohnemann sagt: „Na, dann trink mal ruhig ein Bierchen, mein Junge. Als ich so alt war wie du …". Oder wenn den noch nicht erwachsenen Kindern zu Geburtstagen ein Glas eingegossen und die Prozedur mit den Worten begleitet wird: „Ein Gläschen zur Feier des Tages kann nicht schaden."

Hauptteil
Überleitung mit Begründung des Themas

Das scheint im ersten Moment auch nicht so schlimm zu sein, zumal der regelmäßige Alkoholkonsum von Jugendlichen in der Generation unserer Eltern wesentlich höher war: 70 % der jungen Erwachsenen tranken im Jahr 1976 mindestens einmal pro Woche – im Jahr 2012 waren es „nur" circa 40 %. Und selbst unter den 12- bis 17-Jährigen tranken 1979 circa 25 % regelmäßig Alkohol, während es 2012 knapp 14 % waren.

Vorwegnahme der Kritik: Warnungen unbegründet?

Besorgte Eltern hören und lesen aber auch von im Trend liegendem Komasaufen und können sich an solche unter Umständen sogar tödlich verlaufenden Spielchen in ihrer Jugendzeit nicht erinnern.

Fakt ist, der kindliche Organismus, dessen Leber Alkohol nur sehr begrenzt abbauen kann, reagiert bereits bei kleinen Mengen Alkohol mit Vergiftungserscheinungen bis hin zu Bewusstlosigkeit und Atemlähmungen. Häufiger Alkoholkonsum kann gerade in jungen Jahren bleibende Schäden der Hirnfunktionen verursachen! Zudem führt der regelmäßige Genuss von Alkohol schnell zu Gewöhnung und schließlich sogar zu Abhängigkeit – je jünger der Konsument, desto größer die Suchtgefahr.

Gefahren des Alkoholmissbrauchs

Beängstigend ist deshalb das Ergebnis einer Studie der Bundeszentrale für gesundheitliche Aufklärung (BZgA), wonach im Jahr 2010 in Deutschland 26 000 10- bis 20-Jährige mit einer Alkoholvergiftung ins Krankenhaus eingeliefert wurden. Insgesamt 700 000 Jugendliche tranken bedrohlich viel. Dazu kommt, dass die Zahl der Jugendlichen und jungen Erwachsenen, die mindestens einmal wöchentlich Alkohol konsumieren, seit 2010 wieder ansteigt.

Ausmaß des Alkoholmissbrauchs

Gründe genug, um über die Gefahren des Alkohols aufzuklären, was sich die BZgA auf die Fahnen geschrieben hat. Ihre Plakatkampagnen sollen auf das Thema aufmerksam machen und zum Nachdenken anregen. Die Schule leistet natürlich auch ihren Beitrag zur Aufklärungsarbeit, zum Beispiel im Biologieunterricht.

Vorschläge zur Prävention

Noch viel wichtiger ist von Anfang an aber die Familie. Eltern sollten in jedem Falle Vorbild sein, denn ihr Trinkverhalten beeinflusst ihre Kinder. So nutzt es nichts, vor den Gefahren durch häufigen Alkoholgenuss zu warnen, wenn man selbst regelmäßig oder sogar exzessiv trinkt. Und sollte der Sohn oder die Tochter einmal zu viel getrunken haben, dann ist Einfühlungsvermögen gefragt. Drastische Strafen und rigorose Verbote helfen meist nichts. Im Wiederholungsfalle ist unter Umständen professionelle Hilfe nötig.

Also, Leute, daher lieber Finger weg vom Alkohol. Man kann auch ohne dieses Zeug tolle Partys feiern. Betrunkensein ist außerdem ziemlich uncool, viel beeindruckender ist ein „Nein, danke, ich trinke nicht.“ Wirkt besonders auch bei Mädchen. Echt – habe ich selbst ausprobiert.

Schluss

Appell

Euer Schülerzeitungschefredakteur

Sachsen – Besondere Leistungsfeststellung 10. Klasse Deutsch 2015
Thema 1

Yüksel Pazarkaya[1]: deutsche sprache (1989)

die ich vorbehaltlos liebe
die meine zweite heimat ist
die mir mehr zuversicht
die mir mehr geborgenheit
die mir mehr gab als die
die sie angeblich sprechen

sie gab mir lessing und heine
sie gab mir schiller und brecht
sie gab mir leibniz und feuerbach
sie gab mir hegel und marx
sie gab mir sehen und hören
sie gab mir hoffen und lieben
eine welt in der es sich leben lässt

die in ihr verstummen sind nicht in ihr
die in ihr lauthals reden halten sind nicht in ihr
die in ihr ein werkzeug der erniedrigung
die in ihr ein werkzeug der ausbeutung sehn
sie sind nicht in ihr sie nicht

meine behausung in der kälte der fremde
meine behausung in der hitze des hasses
meine behausung wenn mich verbiegt die bitterkeit
in ihr genoß ich die hoffnung
wie in meinem türkisch

Aus: Pazarkaya, Yüksel: Der Babylonbus. Gedichte, Frankfurt am Main: Dagyeli 1989.

1 Yüksel Pazarkaya: geb. 1940 in Izmir (Türkei); seit 1958 in der Bundesrepublik Deutschland; Studium und Promotion in Literaturwissenschaft und Philosophie; Verfasser von Lyrik, Kurzprosa, Essays und Übersetzer

Arbeitsauftrag

Interpretieren Sie das Gedicht.

- Stellen Sie die Situation des lyrischen Ichs und sein Verhältnis zur deutschen Sprache dar.
- Beschreiben Sie ausgewählte Gestaltungsmittel in ihrer Funktion und Wirkung.

Lösungsvorschlag

Im Thema 1 geht es um die Interpretation eines lyrischen Textes. Zur allgemeinen Aufgabe „Interpretieren Sie das Gedicht" erhalten Sie zwei Konkretisierungen. So sollen Sie die Situation des lyrischen Ichs und sein Verhältnis zur deutschen Sprache darstellen. Der zweite Schwerpunkt liegt auf der Beschreibung ausgewählter sprachlicher Mittel in ihrer Funktion und Wirkung, das heißt, Sie müssen das Zusammenwirken von inhaltlicher und sprachlicher Gestaltung untersuchen und aufzeigen.

Bei Ihrer Interpretation sollten Sie zu der Erkenntnis kommen, dass es im Gedicht „deutsche sprache" um einen lyrischen Sprecher geht, der, obwohl seine Muttersprache eigentlich Türkisch ist, die deutsche Sprache lieben gelernt hat. Der Zugang zu ihr eröffnete ihm viele Möglichkeiten und ließ ihn eine zweite Heimat erleben. Kritisch betrachtet er jedoch all jene, die die Sprache z. B. für fremdenfeindliche Aussagen missbrauchen. Die formale und sprachliche Gestaltung des Textes veranschaulicht die Situation.

Die Themen Immigration und (sprachliche) Integration machen es möglich, als Einstieg einen Bezug zur aktuellen Flüchtlingsproblematik herzustellen. Im Hauptteil empfiehlt es sich, strophenweise Inhalt, Struktur und Sprache des Gedichtes darzulegen. Hierbei gehen Sie besonders auf die vorgegebenen Analyseschwerpunkte ein. Einzelne Aspekte z. B. zur formalen und sprachlichen Gestaltung und zu deren Wirkung können sie zudem anschließend noch separat ausführen. Am Schluss stellen Sie den Bezug zur Einleitung wieder her und bringen Ihre eigene Haltung zu Gedicht und Thematik zum Ausdruck.

Einleitung
Einstieg mit aktueller Problematik

Wir leben in einer Zeit, in der schätzungsweise 60 Millionen Menschen weltweit auf der Flucht sind. Sie fliehen vor allem, weil in ihren Ländern Kriege toben, weil Gewalt und Unterdrückung herrschen. Sie kommen z. B. aus Syrien, der Ukraine und dem Südsudan und sie flüchten in andere Länder, um der Gefahr für ihr Leben zu entkommen. Auch in unserem Land wollen sie eine neue Heimat finden, in einem Land, in dem es schon immer Einwanderer gab. So kamen in den 1950er- und 1960er-Jahren viele Türken, Italiener und Griechen nach Deutschland, da sie hier eine besser bezahlte Arbeit fanden. Dass Einwanderung schon damals aufgrund von Vorurteilen und Ablehnung nicht so einfach war, kann man sich gut vorstellen.

Hauptteil
Überleitung zu Autor und Thema des Gedichts

Auch der 1940 geborene türkische Autor und Übersetzer Yüksel Pazarkaya lebt seit 1958 in Deutschland und wird als Immigrant mit Problemen konfrontiert gewesen sein, die durch Ausländerfeindlichkeit entstehen. So bekennt das lyrische Ich in seinem Gedicht „deutsche sprache" (1989) vermutlich nicht zufällig, dass es zwar die deutsche Sprache lieben gelernt hat, aber sich von den Sprechern derselben distanziert, die sie für fremdenfeindliche Äußerungen nutzen.

Analyse von Inhalt und sprachlicher Gestaltung

1. Strophe

In deutlichem Bezug zum Titel des Gedichtes betont das lyrische Ich in der ersten Strophe mit einer anaphorischen Aufzählung („die", V. 1–6), dass es die deutsche Sprache liebt, da sie ihm Heimat vermittelt, Zuversicht und Geborgenheit gibt. Durch die numerische Angabe „zweite Heimat" (V. 2) lässt sich die Herkunft des Sprechers aus einem anderen Land ableiten. In der Aussage „die mir mehr gab als die/die sie angeblich sprechen" (V. 5 f.) wird am Ende bereits die Abgrenzung von einem Teil der Deutschen erkennbar.

2. Strophe

Auch in der zweiten Strophe wird durch anaphorisch beginnende Aufzählungen in Parallelismen („sie gab mir", V. 7–12) die hohe Wertschätzung der deutschen Sprache deutlich: Sie gab dem lyrischen Sprecher unter anderem „lessing und heine", „leibniz und feuerbach" (V. 7–9), also literarischen und philosophischen Genuss. Sie brachte ihm zudem „sehen und hören /[…] hoffen und lieben" (V. 11 f.), das heißt lebensnotwendige Sinne und Gefühle in einer lebenswerten Welt (vgl. V. 13). Die Kenntnis der deutschen Sprache steigerte demnach die Lebensqualität des Sprechers und bereicherte ihn um neues Kulturgut.

3. Strophe

Wiederum mit anaphorischen Versanfängen (V. 14–17) werden in der dritten Strophe jedoch diejenigen Sprecher des Deutschen erwähnt, die die Sprache missbrauchen, um andere Menschen zu erniedrigen und auszubeuten. Besonders aussagekräftig ist in diesem Zusammenhang die zwei Mal verwendete Metapher, die Sprache als „ein werkzeug" (V. 16 f.) bezeichnet. Eindringlich wirkt die Wiederholung der Aussage, dass diese Sprecher „nicht in ihr [sind]" (V. 14 f.), sie also der deutschen Sprache nicht gerecht werden. Der Chiasmus „die in ihr […] sind nicht in ihr" (V. 14, 15, 16/18) unterstreicht dabei grundlegend den Kontrast zwischen jenen Deutschen, die die Sprache feindselig und aggressiv gebrauchen, und dem lyrischen Ich, das sie liebt und im Gedicht ehrt. Diese Abgrenzung wird auch im letzten Vers der Strophe in dem Wortspiel „sie sind nicht in ihr sie nicht" noch einmal bekräftigt.

In der vierten Strophe wird erneut die positive Haltung zur deutschen Sprache betont. Sie bietet dem Sprecher eine „behausung“, behütet ihn vor „der kälte der fremde“ und „der hitze des hasses“ (V. 19 f.). Das drei Mal wiederholte Possessivpronomen „meine“ (V. 19–21) unterstreicht diese enge Beziehung zur Sprache, in der das lyrische Ich wie in einem schützenden Haus (Metapher) wohnt. Durch sie bleibt ihm auch in Momenten der Bitterkeit Hoffnung, so, wie es sie auch in seiner Muttersprache, dem Türkischen, findet (vgl. V. 21–23).

4. Strophe

Das vierstrophige Gedicht ist reimlos und in freien Rhythmen geschrieben, die Strophen und Verse sind unterschiedlich lang. Alle Wörter sind zudem konsequent kleingeschrieben und Satzzeichen fehlen vollständig. Diese sehr individuelle und streng genommen regelwidrige Verwendung der deutschen Sprache assoziiert einen Nicht-Muttersprachler und veranschaulicht dessen ganz persönliche Reflexion über seine Zweitsprache in der zweiten Heimat. Besonders in der begeisterten Aufzählung großer Denker und Schriftsteller (V. 7–10), die der Sprecher kennen und lieben gelernt hat, zeigt sich, dass er in Deutschland „richtig angekommen“ ist und die deutsche Sprache und Kultur mehr zu schätzen weiß, als manch gebürtiger „lauthals reden[der]“ (V. 15) Deutscher.

weitere gestalterische Mittel in ihrer Funktion und Wirkung

Yüksel Pazarkaya, der selbst in Deutschland eine neue Heimat gefunden hat und als Schriftsteller besonders für Sprache sensibilisiert ist, weist in seinem Gedicht auf die Problematik von Menschen hin, die in ein fremdes Land einwandern. Die meisten von ihnen bemühen sich wie der lyrische Sprecher um ihre Integration, lernen die neue Sprache und lassen sich auf die fremde Kultur ein. Und dennoch werden sie von Mitmenschen ausgegrenzt, die in ihnen Ausländer sehen, die nicht willkommen sind. Das sollte es in unserem Land nicht mehr geben!

Schluss

biographischer Bezug und Appell

Material 1: Ethischer Konsum: Den Raubbau an der Natur stoppen (2010)

Die Entwicklung des Lebens auf unserem Planeten begann vermutlich vor etwa 4 Milliarden Jahren. Der Mensch in seiner heutigen genetischen Ausstattung ist hingegen gerade einmal 200.000 Jahre jung. Nichtsdestotrotz hat unsere Spezies wie keine andere vor ihr das Antlitz des blauen Planeten geprägt und verändert. Unsere Art zu siedeln, zu wirtschaften und zu konsumieren bedroht nicht nur das Weltklima und den Fortbestand lebenswichtiger Ressourcen, sie führt auch zu einem radikalen Ungleichgewicht in der Verteilung der Güter: Während die hochentwickelten Industriestaaten in einem geradezu ungesunden Überfluss leben, sind Hungersnöte und extreme Armut die alltägliche Realität vieler Entwicklungsländer.

Jede Kaufentscheidung zählt

Die wenigsten Menschen stehen dieser erschreckenden Entwicklung gleichgültig gegenüber. Die Frage, wie man als Einzelner Einfluss auf Probleme von weltpolitischer Dimension nehmen sollte, löst jedoch meist Ratlosigkeit aus. Eine Handlungsoption, die jedem offen steht und langfristig eine enorme Schubkraft entwickeln kann, ist die des nachhaltigen oder ethischen Konsums.

Nachhaltiger Konsum ist umweltverträglich, sozialverantwortlich und wirtschaftlich tragbar, und er ist ein mächtiges Werkzeug in den Händen der Verbraucher. Wenn die nicht nachhaltig produzierte Ware in den Regalen der Geschäfte liegen bleibt, sind die Firmen gezwungen, nachhaltige Produktionswege zu suchen, um ihre Waren absetzen zu können.

Diese Erkenntnis liegt zum Beispiel dem Titel eines „etwas anderen Einkaufsführers" von Fred Grimm zu Grunde: „Shopping hilft die Welt verbessern" nennt sich der Führer zum verantwortungsvollen Konsum, der dem Verbraucher die Infos an die Hand gibt, um fair gehandelte, umweltverträgliche Produkte zu kaufen, ohne deshalb sein Leben auf den Kopf stellen zu müssen.

Ethischer Konsum statt Askese

Längst ist sich die Wirtschaft des neuen Trends bewusst geworden. Die Gruppe der „LOHAS", also derer, die sich einem „lifestyle of health and sustainability" verpflichtet fühlen, ist bereits seit einigen Jahren als solvente und meinungsbildende Zielgruppe definiert, die eine bedeutende Rolle im Marketing vieler Firmen spielt.

Was die LOHAS ganz wesentlich von den Ökos der 80er Jahre unterscheidet, ist ihre starke Genuss- und Konsumorientierung. Weit entfernt vom asketischen Lebensstil lautet ihre Devise: „Ohne Einschränkung konsumieren und sich dabei auch noch besser fühlen.“

„Ein bisschen bigott“, könnte der Idealist denken. Da jedoch den meisten Menschen der Verzicht schwer fällt, stellt ethischer Konsum eine durchaus positive Alternative dar, welche das nachhaltige Engagement der Unternehmen fördert und gleichzeitig die Wirtschaft stützt.

Doch Vorsicht: Nicht jede Firma, die mit grünen Etiketten wirbt, verkauft auch wirklich umweltfreundliche Inhalte. Der Trend zum „Greenwashing“ drückt sich häufig in der fantasievollen Eigenkreation von Umweltsiegeln vieler Firmen aus, die mit Werbebotschaften wie „ungespritzt“ oder „naturnah erzeugt“ nur scheinbar ökologische Produkte auf den Markt bringen.

Quelle: Wandermagazin, 12/2010, Nr. 155

Material 2: Tote Näherin in Bangladesch: Metro beendet Zusammenarbeit mit Zulieferer (2009)

13 bis 15 Stunden am Tag waren zu viel: In einer Fabrik in Bangladesch, die vor allem für Metro produziert, ist eine junge Frau aus Erschöpfung tot zusammengebrochen. Der deutsche Handelskonzern bedauert den Fall – und hat die Zusammenarbeit eingestellt.

Dhaka – Sie hat gearbeitet, bis sie nicht mehr konnte: Die 18-jährige Näherin Fatema Akter aus Bangladesch ist im Dezember während ihrer Schicht tot zusammengebrochen. Das berichtete die US-Organisation National Labor Committee (NCL) am Mittwoch. Demnach musste das Mädchen an sieben Tagen in der Woche 13 bis 15 Stunden in der Textilfabrik in der Hafenstadt Chittagong arbeiten und pro Stunde bis zu hundert Jeanshosen reinigen. Rund 80 Prozent der in der Fabrik hergestellten Textilien wurden laut NCL für den deutschen Handelsriesen Metro produziert.

Der 18-Jährigen wurde dem zu Wochenbeginn veröffentlichten NLC-Bericht zufolge trotz Erschöpfung und Schmerzen in Brust und Armen ein freier Tag zur Erholung verweigert. Stattdessen habe der Vorgesetzte das Mädchen hart ins Gesicht geschlagen und ihr befohlen, ihre Arbeit fortzusetzen. Demnach waren für die Arbeiter in der Fabrik 14-Stunden-Schichten ohne Pause, erzwungene Überstunden und Schläge an der Tagesordnung.

Das Unternehmen bedauerte den Todesfall der 18-Jährigen in einer Erklärung „zutiefst“: Man nehme den Bericht über Missstände außerordentlich ernst, sagte Konzernchef Eckhard Cordes am Mittwoch auf der Hauptversammlung des Konzerns. Die Geschäftsbeziehungen mit dem Bekleidungslieferanten seien beendet und dessen Erzeugnisse aus den Handelsregalen genommen worden. Außerdem würden die Todesumstände der Frau und die Informationskette über die Arbeitsbedingungen in der Fabrik untersucht. Die Produktionsstätte in Bangladesch sei 2005 zwar überprüft worden. Nachdem Mängel festgestellt wurden, habe es jedoch anders als vorgesehen keine neuerliche Überprüfung gegeben. Die Christliche Initiative Romero hatte anlässlich der Hauptversammlung auf den Tod der Näherin aufmerksam gemacht.

Quelle: sam/AFP/dpa, online unter: http://www.spiegel.de/wirtschaft/tote-naeherin-in-bangladesch-metro-beendet-zusammenarbeit-mit-zulieferer-a-624685.html

Material 3: Umfrage zu wichtigen Kriterien für den Kauf von Bekleidung in Deutschland 2014[1]

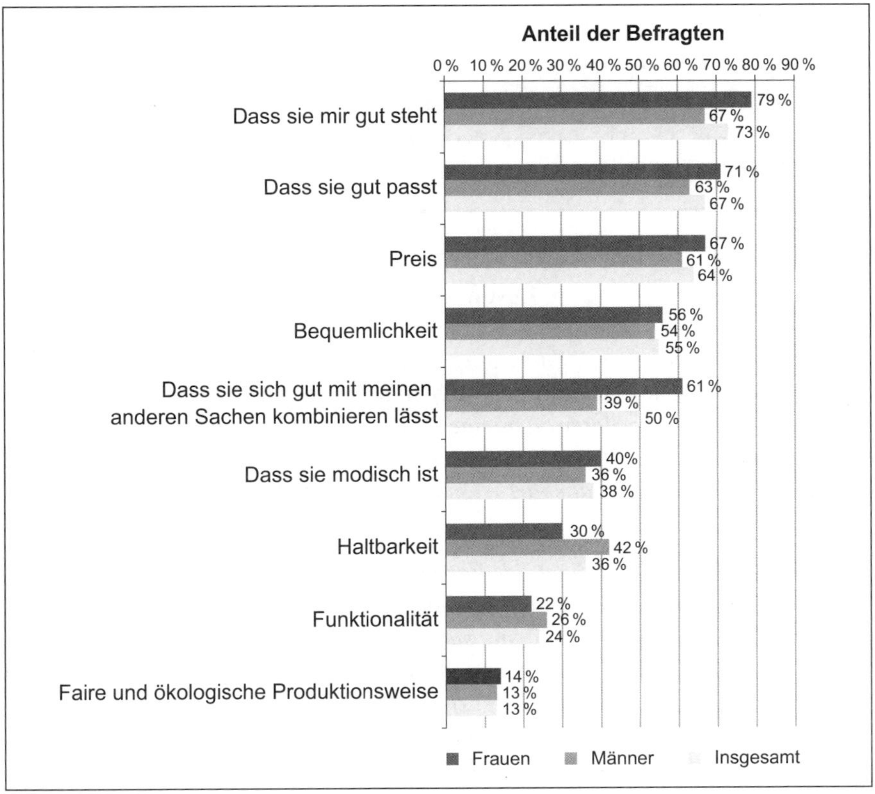

Nach: http://de.statista.com/statistik/daten/studie/284510/umfrage/umfrage-zu-wichtigen-aspekten-bei-bekleidung-in-deutschland/

1 Befragt wurden insgesamt 802 Konsumenten.

Arbeitsauftrag

„Mode – Fair Trade[2]?"

Stellen Sie sich vor, Ihre Schule arbeitet an einem Projekt zum Thema „Mode – Fair Trade?". Sie wurden beauftragt, einen Artikel für die Schülerzeitung mit gleichnamigem Titel zu verfassen.

1. Arbeiten Sie aus dem vorliegenden Material stichpunktartig Informationen zum Thema „Mode – Fair Trade?" heraus.

2. Schreiben Sie anschließend, ausgehend von Ihren Arbeitsergebnissen und unter Einbeziehung Ihrer persönlichen Erfahrungen, einen inhaltlich und sprachlich eigenständigen Artikel für die Schülerzeitung, in dem Sie Auswahlkriterien für Kaufentscheidungen von Konsumenten diskutieren und Ihre Position zum Gedanken des Fair-Trade darlegen.

Die Aufgaben sind separat zu lösen. Den Schwerpunkt bilden die Ausführungen zu Aufgabe 2.

2 Fair Trade: Handel, der auf Dialog, Transparenz und Respekt beruht und auf mehr Gerechtigkeit im internationalen Handel abzielt

---

Lösungsvorschlag

Das Thema 2 verlangt von Ihnen adressatenbezogenes Schreiben auf der Basis des untersuchenden Erschließens pragmatischer Texte. Dabei bearbeiten Sie mithilfe vorgegebener Materialien eine Problemstellung. Ergebnis der Arbeit ist ein eigenständiger Text, das heißt ein Artikel für die Schülerzeitung. Aufgrund der Komplexität der Aufgabenart ist eine genaue Analyse der Aufgabenstellung erforderlich.

1. *Die erste Teilaufgabe dient der Vorbereitung auf den in der zweiten Teilaufgabe formulierten Schreibauftrag zum Projektthema „Mode – Fair Trade?". Sie sollen aus dem zur Verfügung stehenden Material Informationen zum Thema auswählen und stichpunktartig zusammenfassen. Lesen Sie dazu gründlich das Material, erfassen Sie die Text- und Bildinhalte und markieren Sie sich wesentliche Informationen. Formulieren Sie dann Ihre Stichpunkte weitgehend mit eigenen Worten. Möglich ist z. B. eine Anordnung als Aufzählung oder in Form einer Mindmap.*

Material 1
Zeitschriftartikel zum Thema „Ethischer Konsum“ (2010)
- negative Beeinflussung des Lebens auf dem blauen Planeten durch den Menschen
- Bedrohung des Weltklimas
- Gefährdung des Fortbestandes lebensnotwendiger Ressourcen
- Ungleichgewicht: Überfluss in Industriestaaten – Armut in Entwicklungsländern
- jede Kaufentscheidung zählt!
- Handlungsoption: verantwortungsbewusster und nachhaltiger ethischer Konsum durch Verbraucher
- d. h. Kauf von fair gehandelten und umweltverträglichen Produkten
- „LOHAS“ (lifestyle of health and sustainability) für Genuss- und Konsumorientierung: Propagierung des ethischen Konsums statt unrealisierbarer Forderung nach Verzicht
- Vorteil: Förderung von Unternehmen mit umweltfreundlicher Produktion
- Warnung vor unseriösen Werbepraktiken für angeblich ökologische Produkte

Sammlung wesentlicher Informationen aus den Materialien (in Stichpunkten)

Material 2
Artikel im Spiegel zum Tod einer Näherin in Bangladesch (2009)
- Tod der 18-jährigen Näherin Fatema Akter durch unmenschliche Arbeitsbedingungen in Bangladesch
- Arbeit in der Textilfabrik: 13–15 Stunden, 7 Tage die Woche, Zwang und Gewalt
- 80 % der Textilproduktion dieses Zulieferers für Handelsriesen Metro bestimmt
- Metro kündigt die Zusammenarbeit nach diesem Vorfall
- Untersuchung der Todesumstände

Material 3
Statistik zu den Kriterien beim Kleidungskauf (2014)
- aktuelle Umfrage zu wichtigen Kriterien für den Kauf von Bekleidung in Deutschland
- Grundlage: Befragung von 802 Konsumenten im Jahr 2014

- Ergebnis: wichtigste Kriterien sind das Aussehen (73 %), die Passgenauigkeit (67 %) und der Preis (64 %)
- unwichtigstes Kriterium: faire und ökologische Produktionsweise (13 %)

2. *Die zweite Teilaufgabe bildet den Schwerpunkt und verlangt das Schreiben eines eigenen Artikels für die Schülerzeitung. Für Ihre Ausführungen nutzen Sie die zuvor erarbeiteten Informationen ebenso wie Ihre eigenen Erfahrungen. Ziel ist es, Auswahlkriterien für Kaufentscheidungen von Konsumenten zu diskutieren und den Lesern Ihren persönlichen Standpunkt zum Thema Fair Trade darzulegen. Neben dem inhaltlichen Anspruch, Probleme und Möglichkeiten aufzuzeigen und abzuwägen, sind auch die formalen und sprachlichen Anforderungen an einen Zeitungsartikel zu berücksichtigen. So müssen Sie den Adressatenkreis beachten und Ihre Gedanken in eine logisch schlüssige und sprachlich ansprechende Form bringen, um zu überzeugen.*

„Mode – Fair Trade?“
Mode um jeden Preis zum billigsten Preis

Schlagzeile mit Untertitel

Ich liebe meine neue Jeans und ich gestehe, ich habe keine Ahnung, wo sie herkommt. Sicherlich ist mir das eine oder andere Mal schon aufgefallen, dass auf den eingenähten Schildchen meiner Kleidungsstücke irgendwas von „Made in Fernost“ steht. Aber wen interessiert das schon, wenn sie sitzt und dazu noch billig ist? Mich nicht und meine Kumpels auch nicht. Zumindest bisher nicht. Aber das muss sich ändern!

Einleitung
persönliche Erfahrungen

Geschockt las ich kürzlich einen Artikel im Spiegel, in dem es um ein junges Mädchen ging, das durch unmenschliche Arbeitsbedingungen in einer Textilfabrik in Bangladesch zu Tode kam. Die 18-jährige Näherin Fatema Akter klagte bereits über Erschöpfung und Schmerzen und wurde trotzdem mit Gewalt gezwungen weiterzuarbeiten. Besonders fatal ist, dass 80 % der Produktion dieser Fabrik zum Handelsriesen Metro nach Deutschland gehen und man dort schon früher über Mängel bei den Arbeitsbedingungen informiert war, dies aber nicht weiter untersucht hat. So müssen die Arbeiterinnen und Arbeiter dort sieben Tage in der Woche 13 bis 15 Stunden arbeiten. Nicht selten geschieht das ohne Pausen und mit weiteren Überstunden. Wer sich dagegen verwehrt, wird unter Drohungen gezwungen und sogar geschlagen.

Hauptteil
Überleitung mit Hinführung zum Thema

Tod der Näherin Fatema Akter (Material 2)

Warum lassen sich die Menschen das gefallen? Es ist extreme Armut, die Arbeiterinnen wie Fatema Akter und nicht selten sogar Kinder in Entwicklungsländern zu Opfern menschenverachtender Arbeitsbedingungen machen. Und daran tragen wir eine Mitschuld. Wir Bewohner eines reichen Industrielandes, die sich zu wenig für das Gleichgewicht bei der Güterverteilung in der Welt einsetzen.

globale Gründe, die Fair Trade verhindern (Material 1)

Was will er denn? – werdet ihr euch fragen. Soll ich statt preiswerter nun teure Mode kaufen oder am besten gleich gar keine mehr? Nein, aber wenigstens mal anfangen nachzudenken, z. B. über die Gründe für eure Kaufentscheidungen und über die Möglichkeiten, etwas für Fair Trade, das heißt für einen verantwortungsvollen und gerechteren internationalen Handel zu tun.

Überleitung mit rhetorischen Fragen

Kaufentscheidungen und Fair Trade

Statistiken belegen, dass sich die meisten Konsumenten beim Bekleidungskauf in erster Linie vom Aussehen und natürlich von der Passgenauigkeit eines Kleidungsstückes leiten lassen. Ich meine, dass das eine ganz normale Sache ist, denn niemand wird sich eine Jeans kaufen, die ihm nicht gefällt bzw. die nicht passt. Als zweitwichtigstes Kriterium folgt dann der Preis, denn vor allem junge Leute haben eher ein beschränktes Budget. Das ist einerseits verständlich, andererseits problematisch: Man kauft gern gut, aber will es trotzdem billig haben und interessiert sich nicht dafür, wo und unter welchen Bedingungen die Hose hergestellt wurde. Das unwichtigste Kriterium bei der Kaufentscheidung von Konsumenten ist demnach – laut Statistik – die faire und ökologische Produktionsweise.

persönliche Gründe, die Fair Trade verhindern (Material 3)

Was kann man tun, um an dieser Situation etwas zu ändern? Sicherlich sind Aufklärung und Information Voraussetzungen dafür, dass Menschen umdenken und ihre Verhaltensweisen ändern. So, wie es bei mir durch den Spiegel-Artikel über den tragischen Tod von Fatema Akter passierte.

Möglichkeiten, etwas für Fair Trade zu tun

Inzwischen habe ich von „LOHAS“ gehört, ein Kurzwort, das sich aus dem englischen Begriff „lifestyle of health and sustainability“ bildet und so viel bedeutet wie Lebensstil, der von Gesundheitsbewusstsein und Prinzipien der Nachhaltigkeit geprägt ist. LOHAS-Konsumenten propagieren nicht den Verzicht, sondern einen ethischen Konsum. Dabei geht es vor allem um gezielten Kauf von Bio-Produkten und fair gehandelten Waren. Das unterstützt jene Unternehmen, die umweltfreundlich und nachhaltig produzieren.

„LOHAS“ und ethischer Konsum (Material 1)

Diesen Ansatz finde ich gut, sehe aber doch Probleme: So sind Bio-Produkte meist teurer als konventionell hergestellte Waren und es werden auch Produkte beworben, die nur angeblich, aber nicht wirklich ökologisch sind. Viele Verbraucher kennen das „Fair Trade"-Siegel auf Produkten gar nicht oder ignorieren es. Unternehmen arbeiten nicht transparent genug, wenn es um Fragen umweltfreundlicher Produktion geht bzw. wenn ihre Zulieferer aus Entwicklungsländern Menschen unter unwürdigen Bedingungen arbeiten lassen.

Probleme für das Durchsetzen von Fair Trade

All das sollte uns jedoch nicht davon abhalten, umweltfreundlicher zu handeln und bewusster einzukaufen. Auch wenn wir nicht gleich die Situation auf dem Weltmarkt und in Fernost verbessern können, so kann doch jeder seinen ganz persönlichen Beitrag leisten, um ein Zeichen zu setzen und anderen ein Vorbild zu sein. Also informiert euch über das, was ihr kauft, und über die Bedingungen, unter denen es hergestellt wird!

Schluss
Appell

Liebe Kundin, lieber Kunde,

der STARK Verlag hat das Ziel, Sie effektiv beim Lernen zu unterstützen. In welchem Maße uns dies gelingt, wissen Sie am besten. Deshalb bitten wir Sie, uns Ihre Meinung zu den STARK-Produkten in dieser Umfrage mitzuteilen:

www.stark-verlag.de/feedback

Als Dankeschön verlosen wir einmal jährlich, zum 31. Juli, unter allen Teilnehmern ein aktuelles Samsung-Tablet. Für nähere Informationen und die Teilnahmebedingungen folgen Sie dem Internetlink.

Herzlichen Dank!

Haben Sie weitere Fragen an uns?
Sie erreichen uns telefonisch **0180 3 179000***
per E-Mail **info@stark-verlag.de**
oder im Internet unter **www.stark-verlag.de**

Lernen • Wissen • Zukunft
STARK

*9 Cent pro Min. aus dem deutschen Festnetz, Mobilfunk bis 42 Cent pro Min. Aus dem Mobilfunknetz wählen Sie die Festnetznummer: **08167 9573-0**

Erfolgreich durchs Abitur mit den STARK Reihen

Abiturprüfung

Anhand von Original-Aufgaben die Prüfungssituation trainieren. Schülergerechte Lösungen helfen bei der Leistungskontrolle.

Abitur-Training

Prüfungsrelevantes Wissen schülergerecht präsentiert. Übungsaufgaben mit Lösungen sichern den Lernerfolg.

Klausuren

Durch gezieltes Klausurentraining die Grundlagen schaffen für eine gute Abinote.

Kompakt-Wissen

Kompakte Darstellung des prüfungsrelevanten Wissens zum schnellen Nachschlagen und Wiederholen.

Interpretationen

Perfekte Hilfe beim Verständnis literarischer Werke.

Und vieles mehr auf www.stark-verlag.de

Abi in der Tasche – und dann?

In den **STARK** Ratgebern findest du alle Informationen für einen erfolgreichen Start in die berufliche Zukunft.

Alle Titel zu Beruf & Karriere
www.berufundkarriere.de

25-V_Abi

Bestellungen bitte direkt an

STARK Verlagsgesellschaft mbH & Co. KG · Postfach 1852 · 85318 Freising
Tel. 0180 3 179000* · Fax 0180 3 179001* · www.stark-verlag.de · info@stark-verlag.de

Lernen • Wissen • Zukunft
STARK

*9 Cent pro Min. aus dem deutschen Festnetz, Mobilfunk bis 42 Cent pro Min. Aus dem Mobilfunknetz wählen Sie die Festnetznummer: **08167 9573-0**